초판 1쇄 발행 2005년 2월 25일
개정판 5쇄 발행 2015년 8월 21일

글쓴이 | 김맹수
그린이 | 최달수
펴낸이 | 박선희
펴낸곳 | 해와나무
편집 | 박숙정, 이혜경, 박현숙
디자인 | 투피피
마케팅·제작 | 이정원
관리 | 황현종
출판 등록 | 2004년 2월 14일 제312-2004-000006호
주소 | 서울특별시 마포구 홍익로5안길 20 재강빌딩 4층
전화 | (02)362-0938/7675
팩스 | (02)312-7675
ISBN 978-89-91146-16-7   73530

ⓒ 김맹수 2005

· 값은 뒤표지에 있습니다.
· 책 내용의 일부 또는 전부를 인용하거나 발췌하려면 반드시 저작권자와 출판사 양측의 서면 동의를 구해야 합니다.
· 해와나무 도서 판매 수익금의 일부는 한우리봉사단과 아름다운재단 등에 기부되어 소외 아동과 청소년을 위해 사용됩니다.

어린이를 위한 **환경보고서 물**

글 김맹수 | 그림 최달수

해와나무

머리말

환경 오염은 '오늘'의 '우리' 문제랍니다

요즈음 신문과 방송을 보면 환경 문제에 관한 뉴스가 거의 하루도 거르지 않고 등장합니다. 그뿐인가요? 환경 오염으로 빚어진 인류의 재앙을 경고하는 긴박감 넘치는 영화도 나와 있고, 그 원인과 대책을 꼼꼼히 다루고 있는 책들도 나와 있지요.

그런데도 사람들은 여전히 '환경 오염이 그렇게 심한가?' '환경 오염이 심하긴 심하구나.' 하고 남의 일 걱정하듯 건성입니다. 환경 문제의 해결에 관해서도 '내가 뭘 할 수가 있나? 정부나 환경 단체가 나서야지!' 하며 외면하기 일쑤지요.

왜 이런 일이 벌어지고 있을까요?

한마디로, 아직도 환경 문제에 대해 잘 모르고 있기 때문입니다. 환경이 왜 오염될 수밖에 없는지, 지금 이 순간에 어떻게 오염되고 있는지, 그 오염 때문에 우리 생활이 어떻게 망가지고 있는지 모르고 있어요. 그러니 강 건너 불구경하듯, 남의 일이 되고 말지요.

환경 문제는 전문가가 말하는 '전지구적 위기'나 정치인들이 말하는

　'지속 가능한 발전' 같은 거창한 표현 속에 있는 것이 아닙니다. 우리가 날마다 먹고 마시는 수돗물이나 식품의 오염 같은, 사소한 듯하지만 현실적이고도 중요한 문제들이 수두룩합니다.
　또 환경 오염 문제는 결코 지나가 버린 일이 아니에요. 더욱이 먼 훗날에나 닥쳐올 걱정거리도 아니지요. 알게 모르게, 환경 오염은 지금의 우리 생활 곳곳에서 피해를 끼치고 있는 '오늘의 우리 문제' 입니다.

　우리를 둘러싸고 있는 물과 공기와 땅은, 다름 아닌 우리 삶의 터전입니다. 우리는 거기에서 한 순간도 벗어날 수 없지요. 이 책의 주제는 3대 환경 요소인 물과 공기와 땅이며, 각각 한 권의 책으로 나누어 펴내게 됩니다. 첫 번째 책은 물에 관한 이야기를 담고 있어요.
　그 내용을 살펴보면 첫 번째, 지구 생태계와 인간 생활에서 차지하는 물의 중요성을 설명하고 있어요. 즉 생명의 근원으로서 물의 특징, 자연 생태계의 기본을 이루는 물의 생태, 그리고 필수 자원으로서 물의 가치 등을 쉽고 재미있는 이야기로 풀어내려고 노력했습니다.

두 번째, 물이 오염되는 원인과 물 오염의 피해 등 수질 오염에 관한 내용을 풍부한 자료와 사례를 통해 어린이들도 쉽게 이해할 수 있도록 정리했습니다. 특히 물의 오염과 관련된 복잡한 요소들을 앞뒤 맥락을 짚어 가며 해설하여, 각각의 내용뿐만 아니라 전체를 한눈에 파악할 수 있도록 했어요.

세 번째, 세계적인 수질 오염 사고를 시대별, 종류별로 소개하여 물 오염이 '나'와 '우리'의 생활에 얼마나 큰 영향을 끼치는지 깨닫게 하였습니다. 또한, 이제라도 환경을 살리기 위해 팔을 걷어붙이고 나선 세계 여러 나라의 노력도 함께 소개해 놓았지요.

끝으로, 물 오염을 줄이거나 방지하려는 노력과 아이디어를 소개하고 있어요. 어떤 경우라도 나날이 심각해지고 있는 물 오염 사태를 이대로 놓아 둘 수는 없으니까요. 여기서는 '나'와 '우리'를 물 오염 문제에 직접 참여시킴으로써, 단순히 환경 지식을 얻는 것 이상으로 환경 문제에 대한 호기심과 창의력을 불러일으킬 것입니다.

    맑고 깨끗한 물은 영원히 '우리 모두의 것'입니다. 지구가 생겨난 그날부터 오늘날까지 온전히 이어져 내려왔듯이, 앞으로 또 수만 년을 그대로 이어져야 하니까요.

    어린이는 미래의 주인입니다! 그러니 이 땅과 바다와 하늘이 다 여러분의 것이지요. 자, 이제 망가질 대로 망가져 있는 환경을 더 이상 바라보고 있지만은 않겠지요?

2005년 2월

충청도 산골마을에서
김맹수

차례

세상에서 가장 신비한 물질
_ 지구에 꼭 필요한 물 14
_ 끊임없이 돌고 도는 물 17
_ 어린이는 걸어다니는 물기둥 22
_ 약이 되는 물, 독이 되는 물 26

가장 풍부한 자원? 가장 부족한 자원!
_ 모든 마을은 물을 끼고 생겨난다 30
_ 지하수를 함부로 쓰면 안 되는 이유 33
_ 미래 자원의 보물 창고, 바다 38
_ 물 전쟁이 예고되고 있다! 43

강과 바다가 살아야 사람이 산다

_ 강은 흐르고 싶다! 52
_ 생태계를 살리는 습지 60
_ 바다에 우리의 미래가 있다 66

물 오염, 정말 이래도 될까?

_ 물 오염의 주범, 생활 하수 76
_ 사람을 위협하는 합성 세제 80
_ 돌이킬 수 없는 환경 피해, 산업 폐수 83
_ 그 많은 가축의 똥은 어디로 갈까? 86
_ 농약이 강해지면 해충도 강해진다 90

물이 썩으면 내 몸도 썩는다

_ 내가 버린 물을 내가 먹는다 94
_ 바다 오염의 새로운 주범들 100
_ 갯벌이 무너지는 '갯벌의 나라' 104
_ 죽음의 바다에 이르는 두 가지 길 107

세계를 놀라게 한 환경 재난
_ 죽음을 부르는 중금속 오염 114
_ 푸른 몸의 아기들이 태어나다 118
_ 거대한 댐이 불러온 재앙 121
_ 무책임이 빚어낸 무서운 결과 124
_ 오염을 막을 길 없는 화학 물질 127
_ 전쟁보다 더 끔찍한 환경 재난 130

환경 살리기, 세계가 나서고 있다
_ 템스 강 살리기 100년 134
_ 세계 최초의 갯벌 국립공원 137
_ 연어가 돌아온 도요히라 강 141
_ 꿈같은 생태 도시 쿠리티바 144

지금 당장, 모두가 나서야 할 일

_ 윗물이 맑아야 아랫물이 맑다 150
_ 수돗물을 마음놓고 마시려면 155
_ 물 부족 국가의 값싼 물 160
_ 아껴 쓰고 다시 쓰기 싫다고? 165
_ 바다 오염을 막는 몇 가지 방법 173

부록

세계 환경 협약 180

세계의 환경 기념일 184

찾아보기 188

세상에서 가장
신비한 물질

지구의 70%를 차지하는 물.
사람 몸의 70%를 이루는 물.
액체, 기체, 고체의 세 가지 형태로 변하며 움직이는 물.
끊임없이 순환하며 지구의 생태계를 유지시키는 물.
물은 세상에서 가장 신비한 물질입니다.

지구에 꼭 필요한 물

우리가 흔히 보는 물은 액체 상태의 물입니다. 액체 상태의 물이 얼면 고체 상태인 얼음이 되지요. 또한 액체 상태의 물이 증발하면 수증기처럼 기체 상태가 됩니다. 이처럼 물은 세 가지 형태로 바뀌어 가며 존재합니다.

남극의 빙하가 물의 고체 상태라면, 땅을 뚫고 치솟아 오르는 화산 가스는 물의 기체 상태입니다. 신기한 것은 구름이지요. 물의 액체 상태이면서도 하늘 높이 떠 있으니까요.

이렇게 변신의 천재인 물은 세상에 가지 못할 곳이 없습니다. 땅 속 깊은 곳부터 하늘 끝까지, 거대한 바위 속부터 내 몸 안까지 어느 곳에든 물이 있어요. 심지어 우리가 보고 있는 책 속에도, 교실 벽에도, 운동장의 철봉 속에도 적으나마 물이 들어 있지요.

그것만이 아닙니다. 물은 액체에서 기체로, 기체에서 고체로 바뀌면서 어마어마한 양의 열을 빼앗거나 내보냅니다. 이를테면 여름에 땅 위의 물이 증발하여 수증기가 될 때에는 주위의 열을 빼앗고, 수증기가 하늘로 올라가 다시 물방울로 뭉쳐서 구름이 될 때에는 열을 내보냅니다.

물은 이처럼 열을 빼앗거나 내보내면서 지구의 에너지를 운반하는 일을 합니다. 지구의 기후와 기상 현상을 조절하는 중요한 일이지요. 이를테면 액체 상태의 물이면서 공중에 떠 있는 구름은 지구를 비추는 햇빛의 열을 가두어 지구를 따뜻하게 해 줍니다. 반대로 열기를 식혀 주어 지구가 지나치게 달아오르는 것을 막아 주는 역할도 한답니다.

물은 또한 사람을 비롯한 모든 생명체에게 대단히 중요한 작용을 합니다. 무엇인가 하면, 생명체의 몸 속 각 기관이 제 기능을 할 수 있게 도와주는 일이지요. 물은 우리 몸 속의 영양분과 산소를 실어다가 구석구석 세포마다 전달하고, 그 남은 찌꺼기를 치워 줍니다.

그뿐만이 아니에요. 모든 생명체는 물이 있어야 소화와 배설이 이루어지고, 호흡과 순환, 체온 조절과 같은 *신진대사가 이루어질 수 있답니다.

식물이 나서 자라는 데에도 물이 꼭 필요합니다. 뿌리로 물을 빨아들이고 햇빛을 받아, 살아가는 데 필요한 여러 물질을 만들어 내기 때문입니다. 이처럼 녹색 식물이 햇빛 에너지를 받아 이산화탄소와 물을 이용하여 제몸에 꼭 필요한 양분을 만드는 과정을 '광합성' 이라고 합니다.

*신진대사 : 체내에서 음식물이 복잡한 합성이나 분해를 거쳐 흡수되거나 노폐물로 빠져나가는 것을 일컬으며, '물질대사' 라고도 한다.

끊임없이 돌고 도는 물

물은 액체와 기체, 고체로 형태를 바꾸며 끊임없이 움직이고 있습니다. 액체 상태의 물은 증발하면 기체가 되어 하늘로 올라가요. 공기 속의 물인 수증기는 식으면서 작은 물방울이나 얼음 알갱이로 변합니다. 이것이 한데 모여 구름을 이루고, 무거워지면 비나 눈으로 땅에 떨어집니다.

공기 속의 물은 태양에서 지구로 들어오는 엄청난 양의 빛과 열을 적당히 차단하여 지구의 생명체를 보호합니다. 또한 지구로 들어온 태양열이 우주로 금세 빠져나가지 않게 막아 주는 역할을 합니다. 만약 공기 속에 물이 없다면, 한낮에는 뜨겁고 밤에는 몹시 차가울 거예요. 이런 곳이 바로 사막입니다. 사막은 증발하는 물이 적어 공기 속에 물이 거의 없기 때문에, 낮과 밤의 온도가 크게 차이납니다. 그래서 낮에는 아주 덥고, 반대로 밤에는 또 아주 추운 거예요.

비나 눈이 되어 땅에 떨어진 물은 땅 속으로 들어가거나 강을 따라 바다로 흘러갑니다. 또 육지나 바다의 물은 다시 증발하여 구름이 됩니다. 이때 증발한 물의 양만큼 비나 눈으로 다시 채워지기 때문에, 지구에 있는 물의 양은 언제나 똑같아요. 그러니 지구에서 물이 사라질 일은 없겠지요?

물이 한번 순환하는 데에는 흔히 12~16일쯤 걸린다고 합니다. 이와 같이 물이 제 모습을 바꿔 가면서 수없이 되풀이하는 이동을 '물의 순환'이라고 해요.

물은 육지에서도 증발하지만 대부분 바다에서 증발합니다. 지구상에 있는 모든 물의 약 97%가 바다에 모여 있기 때문이지요. 만약 물의 순환으로 증발된 물이 다시 돌아오지 않는다면, 바다의 수면은 해마다 약 1m씩 줄어들 거라고 해요. 바다에서 얼마나 많은 양의 물이 증발하는지 짐작해볼 수 있겠지요?

물을 순환시키는 힘은 바로 태양에서 나옵니다. 지구에까지 이르는 태양 에너지 중에서 약 22%가 지구의 물을 증발시키는 데에 쓰이고 있답니다. 결국은 태양의 어마어마한 에너지가 지구의 물을 순환시키고, 또 이렇게 해서 일어나는 물의 순환 때문에 지구 생태계가 제대로 유지되고 있는 셈이에요.

또한 물은 순환하면서 지구를 정화시킵니다. 비가 그치고 나면 공기가 맑고 상쾌해지는 것은 바로 이 때문이에요. 따라서 물이 오염되면 순환 과정에서 공기와 토양, 숲과 바다로 이어지는 지구 생태계 전체에 나쁜 영향을 미칠 수밖에 없습니다.

어쨌든 물은 한순간도 쉬지 않고 땅과 하늘 사이를 끊임없이 돌고 있습니다. 물의 순환은 지구가 생긴 이래 수십억 년 동안 계속되어 왔고, 앞으로도 그만큼 끊임없이 되풀이될 거예요.

물의 순환

지구상의 물은 증발하여 구름을 이루었다가 식어서 차게 되면 비나 눈으로 지표면에 떨어져 육지의 물로 돌아옵니다. 육지의 물은 강을 따라 다시 바다로 돌아가며, 일부는 증발하여 구름이 됩니다. 이처럼 물은 새롭게 생겨나는 것이 아니라 순환되어 다시 쓰는 거랍니다.

태양 에너지

구름

구름
지표면 위의 공기가 위로 올라가면 온도가 내려가서 공기 중의 수증기가 모여 작은 물방울이 되어 구름이 된다.

수증기 증발
지구상의 물들은 태양열에 의해 증발하게 된다.

바다

어린이는 걸어다니는 물기둥

사람은 먹지 않고도 5주일 정도를 견딜 수 있다고 합니다. 그러나 물을 마시지 않고는 겨우 며칠밖에 살지 못합니다. 왜 그럴까요?

우리 몸의 70%는 물로 이루어져 있습니다. 몸 속의 피는 90% 이상이, 근육은 75%를 물이 차지하고 있어요. 단단한 뼈조차도 22%가 물이라니 참 대단하지요. 사람은 흔히 몸 속에 45L나 되는 물을 갖고 다니며, 그 중에서 약 2.8L는 날마다 갈아 넣고 있답니다.

이렇다 보니 몸 안의 물이 조금만 모자라도 우리는 목이 마르다고 느끼게 됩니다. 더욱이 5%가 모자라면 정신을 잃게 되고, 12%가 모자라면 목숨을 잃게 되는 것이지요.

　더욱이 몸 속의 물은 나이가 어릴수록 더 많고, 나이가 들수록 적어집니다. 어린이는 몸무게의 90%가 물이랍니다. '걸어다니는 물기둥'이라고 할 만하지요.

　달리 생각하면, 그만큼 어린이가 수질 오염의 피해를 많이 받는다는 뜻이기도 합니다. 따라서 어린이는 늘 맑고 깨끗한 물을, 몸에 좋은 물을 마셔야 합니다.

　그런데 사람에게는 왜 이렇게 많은 물이 필요할까요?

🔍 물질을 잘 녹이는 물의 특성

물은 화학기호가 H_2O로, 수소 2개와 산소 1개라는 매우 간단한 구조로 이루어져 있다. 그런데 세 분자가 결합한 상태에서는 빈 공간이 생긴다. 액체 상태의 물은 약 36.7%가 빈 공간인데, 각종 물질이 녹아 이 빈 공간에서 자유로이 이동할 수 있다.

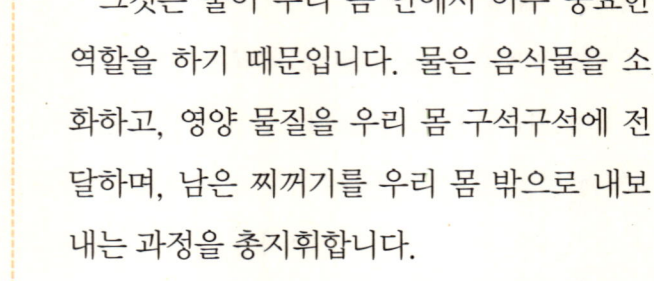

그것은 물이 우리 몸 안에서 아주 중요한 역할을 하기 때문입니다. 물은 음식물을 소화하고, 영양 물질을 우리 몸 구석구석에 전달하며, 남은 찌꺼기를 우리 몸 밖으로 내보내는 과정을 총지휘합니다.

이러한 신진대사는 매우 복잡한 화학 반응을 거쳐서 이루어지는데, 물은 물질을 잘 녹이는 특성이 있어서 그 역할을 잘 해낼 수 있습니다. 물만큼 다른 물질을 잘 녹이는 액체는 없답니다. 이렇게 여러 물질을 잘 녹이는 성질 때문에, 자연 상태의 물 속에는 몸에 좋은 미네랄이 많이 녹아 있어요. 하지만 반대로 건강을 해치는 오염 물질도 녹아 있기가 쉽지요.

물은 피의 주성분으로, 온몸 구석구석을 돌아다니며 영양 물질과 노폐물을 실어 나릅니다. 또한 열을 잘 전달하는 성질이 있어서, 우리 몸의 온도를 고르게 유지시키는 역할도 합니다. 심장의 뜨거운 열을 멀리 차가운 손과 발에까지 전해 주는 것도 물이랍니다. 물은 영양분뿐만 아니라 열도 온몸에 골고루 전달해 주는 중요한 일을 하지요.

물과 체온의 관계에서 빠트릴 수 없는 게 하나 있습니다. 물은 증발할 때에 많은 열을 빼앗아 간다는 거예요. 이를 테면 우리가 운동을 할 때에 땀이 많이 나는 것은, 몸 속의 높아진 열을 노폐물과 함께 밖으로 내보내기 때문입니다. 이때 밖으로 나온 땀이 증발하면서 살갗에서 열을 빼앗아 가므로, 몸 안팎으로 두 번이나 몸을 식혀 주는 셈이에요.

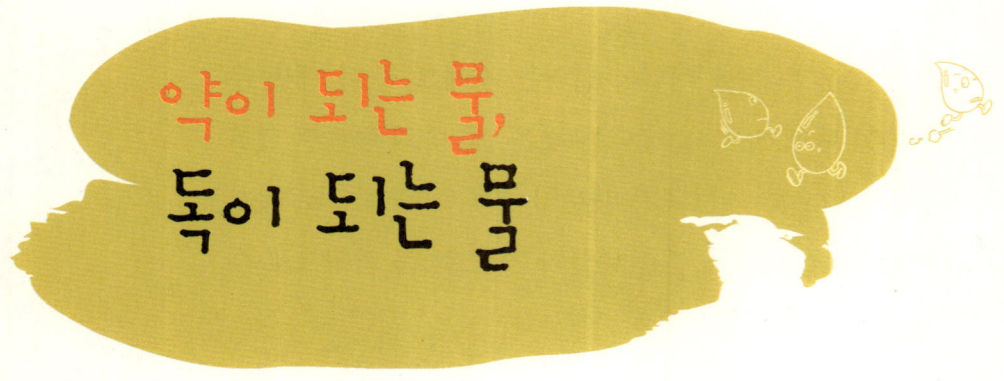
약이 되는 물, 독이 되는 물

지구상의 어떤 생물이든지 물 없이는 절대로 살아갈 수 없습니다. 더욱이 물은 사람 몸의 70%를 이루고 있는 아주 중요한 요소예요. 우리 몸에서 일어나는 신진 대사를 총지휘하며, 혈액과 *림프를 이루고 있는 중요한 물질이 바로 물입니다.

따라서 마시는 물이 어떤 것이냐에 따라 사람의 건강이 결정된다고 해도 지나친 말이 아니에요. 좋은 물은 약이 되고, 나쁜

---
*림프 : 우리 몸 속의 조직 사이를 채우고 있는 투명한 액체를 가리킨다. 혈관과 각 조직 사이를 연결시키고, 면역 물질을 운반한다.

물은 독이 되니까요.

　오염된 물을 그냥 마시면, 그 속에 들어 있는 미생물이 콜레라, 장티푸스, 이질, 간염 따위의 전염병을 일으킬 수 있습니다. 세계적으로 모든 질병의 약 80%가 오염된 물 때문에 생기고, 해마다 약 500만 명의 사람이 이 때문에 죽는다고 합니다. 더 안타까운 일은, 사망자의 절반이 어린이라는 사실이에요!

　그럼, 우리는 어떤 물을 마셔야 할까요?

　우리 몸에 좋은 물은 불순물이 가장 적게 들어 있는 물입니다. 깨끗한 자연 상태의 약수나 샘물은 찌꺼기나 거품이 없으며

🔍 수돗물의 수질 기준

수돗물에서 자주 나오는 유해 물질에 대하여, 인체에 안전한 수준의 함유량을 미리 정해 둔 것이다. 우리 나라는 현재 총 55개의 물질에 대하여 그 최저 함유량을 정하여 관리하고 있다.

나쁜 냄새도 나지 않아요. 이런 물에는 사람에게 필요한 산소와 칼슘, 마그네슘, 철분 같은 무기물이 알맞게 녹아 있습니다. 또 물은 4℃ 안팎으로 차가울 때가 가장 맛이 좋고, 몸에 흡수도 잘 됩니다.

우리가 가장 많이 마시는 수돗물은 국가가 그 수질 기준을 법으로 정하여 엄격히 관리하고 있습니다. 사람들은 거의 이 수돗물을 끓여서 마시고 있어요. 수돗물을 끓이면 소독할 때 쓰이고 남은 염소 성분이 증발되니까요. 이때 볶은 보리나 옥수수를 넣고 끓이면 유해 물질을 빨아들이는 효과가 있어요.

하지만 강물에 들어 있던 중금속이 걸러지지 않고 수돗물에 남아 있으면, 아무리 끓여도 중금속 성분은 없어지지 않는답니다. 식수로 쓰이는 강물이 오염되지 않도록 애써야 하는 이유가 바로 여기 있지요.

가장 풍부한 자원?
가장 부족한 자원!

지구상에서 가장 풍부한 자원이라는 물.
하지만 우리가 쓸 수 있는 민물은 지구 전체의 물에서 1%도 되지 않는답니다.
게다가 그 민물은 대부분 땅 속 깊이 묻혀 있는 지하수예요.
물은 절대 풍부한 자원이 아닙니다. 오히려 가장 부족한 자원이랍니다.

모든 마을은 물을 끼고 생겨난다

여러분도 잘 알고 있듯이, 세계적인 문명의 발상지들은 한결같이 강과 바다에서 가까운 곳에 있습니다. 황허 강, 인더스 강, 나일 강, 티그리스와 유프라테스 강이 그렇지요. 이것만 보아도 문명이 발달하려면 반드시 물을 쉽사리 얻을 수 있어야 한다는 것을 알 수 있습니다.

'세계 문명'이니 '발상지' 같은 말이 너무 거창하게 들린다면, 지금 우리가 살고 있는 곳을 한번 둘러보세요. 아마 마을이나 도시 주변에 분명 강이 있을 거예요. 사람은 물이 있는 곳에서만 살아갈 수 있답니다. 우리가 얼마나 많은 물을 쓰고 있는

지 생각해 보면 금방 알 수 있는 일이지요.

'돈을 물 쓰듯 한다' 라는 말이 있듯이, 우리는 예전부터 물을 아주 흔하고 거저 쓰는 것으로 여겨 왔어요. 그러나 물의 소비량이 갑자기 크게 늘어나고, 또 이에 따라 물이 오염되자, 비로소 깨끗한 물이 얼마나 큰 가치가 있는지 깨닫게 되었답니다.

지구상에서 가장 풍부한 자원은 물론 물입니다. 물은 지구 표면의 약 70%를 차지하고 있습니다. 그런데 그 중에서 약 97% 이상이 바닷물이에요. 바닷물은 소금기가 있어서 그냥 마실 수도 없고 곧바로 쓸 수도 없습니다. 그 나머지 3%를 차지하고 있는 민물도 그나마 대부분은 빙하 상태의 얼음으로 갇혀 있습니다.

따라서 실제로 우리가 쓸 수 있는 민물은 지구 전체의 물에서 1%도 채 안 됩니다. 게다가 민물의 대부분은 땅 속 깊이 묻혀 있는 지하수예요.

그렇다면 아까 물이 가장 풍부한 자원이라고 한 말을 고쳐야 겠군요. 물은 가장 부족한 자원이라고 말입니다!

지하수를 함부로 쓰면 안 되는 이유

강과 호수처럼 땅 위를 흐르거나 한데 모여 있는 물을 일컬어 '지표수'라고 합니다. 사람은 물론이고, 온갖 생물이 살아가는 데 필요한 물을 말하지요. 옛날에는 이 지표수가 식수와 농업 용수로만 쓰였습니다. 그러나 오늘날에는 산업이 발달하고 도시가 늘어남에 따라 쓰이는 곳도 많아지고 사용량도 크게 늘었습니다.

그러자 지표수만으로는 물을 마음껏 쓸 수 없게 되었고, 사람들은 지하수를 마구 뽑아 쓰고 있습니다. 심지어 인공적으로 비를 내리게 하는 방법까지 찾고 있어요. 물이 점점 부족해지고 있기 때문입니다. 하지만 지하수를 마구잡이로 개발하면 큰일 납니다. 어떤 문제가 생기는지 한번 알아볼까요?

땅에 떨어진 빗물의 일부는 천천히 땅 속으로 스며 들어갑니다. 그러다가 더는 내려갈 수 없는 층을 만나게 되지요. 내려갈 곳이 없는 물은 흙이나 바위의 빈틈을 채우며 고이게 되는데, 이것이 바로 '지하수' 입니다.

땅 속에 물이 차 있는 맨 윗면을 '지하수면' 이라고 하는데, 그 깊이는 빗물의 양에 따라서 달라집니다. 비가 많이 내리는 곳은 지하수면이 얕고, 사막 같은 건조 지역은 지하수면이 깊어요. 지하수면이 얕다는 것은 땅을 조금만 파내려 가도 지하수가 있다는 것을 말합니다. 그러나 지하수가 풍부한 곳이라 해도 사람들이 많이 뽑아 쓰면 지하수면은 더 깊이 내려갑니다.

인류 역사에서 보면, 지하수는 지표수가 적은 곳이나 건조 지역에서 주로 썼습니다. 그런데 산업 혁명이 일어나면서 물이 엄청나게 많이 필요해지자 지하수를 개발하는 일은 온 세계에서 중요한 산업의 하나가 되고 말았습니다. 오늘날에도 세계 곳곳에서 지하수를 찾느라고 땅 속 깊이 구멍을 뚫고 있습니다. 이렇게 해서 얻은 지하수는 세계 15~20억 인구의 식수로 쓰이고 있어요.

이를테면, 방글라데시는 강물이 오염되어 식수를 얻을 수 없게 되자 국가의 최대 사업으로 수많은 우물을 뚫고 있습니다. 오늘날 방글라데시 인구의 95%가 지하수를 식수로 쓰고 있어요.

또한 부자 나라일수록 지하수를 병에 담은 생수가 널리 팔리고 있습니다. 미국에서 팔리는 생수의 양은 지난 10년 동안에 10배가 더 늘었다고 합니다.

지하수는 농업 용수로 가장 많이 쓰입니다. 지하수와 지표수를 합하여, 농업 용수는 세계 전체 물 사용량의 약 70%를 차지합니다. 세계 최대의 농업 국가인 인도에서는 지하수를 퍼내는 펌프 우물이 600만 개나 개발되어 있다고 해요. 미국에서도 전체 농장의 절반에 가까운 농장이 지하수로 농사를 짓고 있답니다.

오늘날 세계 곳곳에서 대부분의 지하수는 자연적으로 채워지는 것보다 훨씬 빠르게 소모되고 있습니다. 세계 최초로 산업화와 도시의 발달이 이루어졌던 영국의 런던은 그 동안 지하수를 너무 많이 뽑아 쓰는 바람에 지하수면이 수십 km까지 내려간 곳도 있다고 합니다. 다시 지하수가 채워지려면 앞으로 몇 백 년이 걸릴지 모를 일이지요.

경제가 하루가 다르게 발달하고 있는 중국은 수도 베이징의 경우 1년에 1~2m씩 지하수면이 낮아지고 있고, 전체 우물의 3분의 1은 이미 말라 버렸다고 합니다.

흔히 자연 상태의 지하수면은 30m 이내에 있지만, 지하수를 함부로 뽑아 쓴 곳이나 사막 같은 건조 지역은 수백, 수천 m 아래로 내려가는 곳도 있습니다. 이렇게 지하수를 많이 꺼내 쓰면, 갑자기 땅이 가라앉는 재앙을 불러올 수도 있어요.

최근 미국의 캘리포니아와 텍사스 등 몇몇 곳에서는 지하수를 너무 많이 뽑아 써서 땅이 조금씩 가라앉고 있다고 합니다. 멕시코의 수도인 멕시코시티도 지하수가 보충되는 양보다 뽑아

… 땅속 귀신들이 전부 물만 먹고 사남?

쓰는 양이 많아서, 지하수면이 계속 낮아지고 땅이 가라앉고 있습니다.

더욱이 바다가 가까운 곳에서는 지하수를 개발하는 것이 또 다른 문제를 일으킵니다. 물을 뽑아 쓴 지하수 층의 빈 공간으로 바닷물이 흘러들기 쉽기 때문이에요. 그러면 그 지역의 지하수는 더 이상 쓸 수 없게 됩니다. 짠 바닷물을 마실 수는 없으니까요.

우리 나라도 현재(2001년 기준) 지하수를 끌어올리는 우물이 약 111만 개에 이르고 있습니다. 아직은 연간 지하수 총 저장량의 24%만을 꺼내 쓰고 있는 셈이지요. 하지만 앞으로 지표수가 모자라서 지하수를 써야 할 때를 생각해 함부로 개발해서는 안 됩니다.

미래 자원의 보물 창고, 바다

옛날 사람들에게 바다는 너무나 크고 넓어서 함부로 다가갈 수 없는 두려움의 대상이었습니다. 그래서 가까운 바다에 배를 띄워 왔다 갔다 하고, 해산물을 얻는 게 고작이었어요.

하지만 오늘날에는 수많은 배들이 거미줄처럼 짜인 바닷길을 오가고, 첨단 장비를 갖춘 고깃배들이 대양을 누비고 다닙니다. 인간 활동의 범위가 육지에서 모든 바다로 넓어진 것입니다.

최근에는 인공위성으로 바다 구석구석을 샅샅이 살펴볼 수도 있게 되었어요. 그리하여 바다가 감추고 있던 여러 가지 비밀들이 하나둘씩 밝혀지고 있답니다.

먼저, 바다는 여러 가지 광물 자원의 보물 창고로 알려졌습니다. 바다의 광물 자원은 깊이에 따라 그 종류가 다른데, 육지에서 가까운 대륙붕에는 주로 석유와 천연 가스, 철광석, 텅스텐, 금, 주석 등이 묻혀 있습니다.

수심 3,000~5,000m의 깊은 바다에는 망간과 철광석, 코발

_ 2004년, 우리 나라는 우리 기술과 우리 자본으로 동해 바다에서 천연 가스를 생산하기 시작했다.

트, 니켈, 아연 등을 포함하고 있는 귀중한 자원인 '망간 단괴'가 풍부합니다. 더 깊은 바다에는 해저 화산의 활동으로 생긴 용암 기둥이 있는데, 이것을 '열수 광산'이라고 합니다.

여기에는 금이나 은, 구리, 그리고 우라늄과 리튬과 같은 값비싼 광물이 들어 있어요. 이 때문에 바다는 개발 가치가 높은 '미래의 광산'으로 여겨지고 있습니다.

우리 나라는 1983년부터 태평양 심해 지역에서 망간 단괴 탐사를 처음 시작하여, 현재 15만km²에 이르는 드넓은 개발 구역

을 가지고 있습니다. 2011년부터는 해마다 300만 톤의 광물 자원을 생산할 예정이라고 합니다.

바다는 또 모든 생명체의 집이라 할 수 있습니다. 지구에서 살아가는 전체 생물 *종의 90%가 바다에 살고 있거든요. 바다에는 눈에 잘 보이지도 않는 박테리아부터 어마어마하게 큰 긴수염고래까지, 수많은 생물체들이 거대한 생태계를 유지하고 있습니다. 인간도 수천 년 동안 때로는 바다와 싸우며 때로는 바다에 순응하며 함께 살아왔지요.

오늘날 바다에는 30만 종 이상의 많은 생물들이 살아가고 있습니다. 그 중에는 단백질이 풍부한 미래의 식품으로 개발될 생물 자원이 많아요. 그뿐만 아니라 동물 사료나 비료, 공업 원료, 의약품 등으로 쓰일 것도 많습니다.

예를 들면 김이나 우뭇가사리 같은 홍조류에서는 여러 가지 유용한 화학 물질을, *해면동물과 상어 껍질에서는 각각 백혈병과 전염병 치료에 쓸 수 있는 화학 물질을 뽑아내고 있습니다.

특히 산호에서 뽑아낸 카인산이라는 물질은 신경계 질환을 진단하는 데에 쓰이고, 산호가 만들어 내는 천연적인 빛 가림

---

*종 : 생물 분류의 기초 단위.
*해면동물 : 플랑크톤 같은 작은 유기물을 먹이로 삼는 가장 원시적인 다세포 동물.

물질은 햇빛 차단제로 쓰이기도 합니다. 또 산호의 석회질 골격은 사람의 뼈 이식에 아주 좋다는 것이 밝혀졌습니다.

이 밖에도 수없이 많은 바다 자원을 이용하려는 연구와 개발이 세계 여러 나라에서 한창입니다. 이미 살펴본 심해의 광물 자원이나 생물 자원 말고도 바다를 직접 인간의 삶터로 쓰려는 연구까지 이루어지고 있어요.

우리 나라에서는 부산과 여수 등에 '인공 섬'이라고 불리는 해양 도시를 세울 계획입니다. 섬과 섬 사이를 바다 속으로 자유로이 오갈 수 있도록 해저 터널과 수중 부상 터널도 세워지게 됩니다.

한편, 바다는 석유나 석탄 같은 화석 에너지를 대체할 에너지를 얻을 수 있는 곳이기도 합니다. 바닷물의 썰물과 밀물의 차이를 이용해 전기를 일으키는 조력 발전, 거친 파도가 일 때 생기는 에너지를 이용하는 파력 발전, 해수면과 심해의 큰 온도 차이를 이용하는 해수 온도차 발전 등이 그것입니다.

이러한 대체 에너지는 석유나 석탄 같은 화석 연료를 쓰지 않고, 오염 물질도 내보내지 않으면서, 바닥이 나지 않아 영구적으로 쓸 수 있답니다. 미래의 에너지로 안성맞춤이겠지요?

물 전쟁이 예고되고 있다!

물이 부족하다고 하면, 우리는 흔히 가뭄을 생각합니다. 하지만 가뭄은 가끔 자연적으로 일어나는 짧은 건조기일 뿐이에요. 온 세계에 점점 물이 부족해지고 있는 이유는 가뭄이 아니라 사람들이 물을 많이 쓰기 때문이랍니다.

전 세계적으로 산업이 발달하고 생활 수준이 높아지면서 물 사용량이 크게 늘고 있습니다. 세계 전체 물 사용량은 지난 50년 동안 3배 이상 늘었어요.

우리는 먹는 물 말고도 일상 생활에서 아주 많은 물을 쓰고 있습니다. 변기를 쓰고 물을 한 번 내리면 어른 한 사람이 1주일 동안 마실 물이 버려집니다. 세탁기를 한 번 돌리는 데에는 어른 한 사람이 몇 달 동안 마실 물이 들어가지요.

　공산품이나 농산물을 생산하는 데에도 물이 굉장히 많이 필요합니다. 예를 들면, 자동차 한 대를 만드는 데에 무려 380톤의 물이 쓰이고, 종이 1톤을 만들려면 250톤의 물이 필요해요. 농작물을 재배하기 위해 해마다 논밭에 대는 물은 우리가 쓸 수 있는 전체 물의 약 70%를 차지하고 있습니다.

　이처럼 물을 쓸 곳은 엄청나게 늘어나는데, 우리가 쓸 수 있는 물은 정해져 있어서 세계 곳곳에서 물이 부족한 현상이 일어

나고 있습니다. 지금도 세계 인구의 약 3분의 1이 물 부족 상태로 살고 있고, 2025년까지는 세계 인구의 3분의 2 이상이 물 부족 상태에 빠질 거라고 합니다.

중국의 베이징, 인도의 뉴델리, 미국 애리조나 주의 피닉스와 같이 물이 부족한 도시에서는, 물 사용권을 놓고 도시 주민들과 농부들 사이에 다툼이 끊이지 않고 있습니다. 급격히 늘어나는 도시의 산업 용수와 생활 용수 때문에 농촌에서는 작물을 재배할 물이 점점 부족해지고 있으니까요.

이 같은 지역간의 다툼은 말할 것도 없고, 이제는 국가 사이에도 날카로운 대립이 자주 일어나고 있습니다. 세계적으로 두 나라 이상의 영토를 흐르는 강은 214개나 되는데, 사이좋게 나누어 쓰기로 협약을 맺은 나라는 거의 없기 때문입니다. 게다가 이런 '다국적 강'에 목을 매고 사는 주민들이 자그마치 세계 인구의 40%에 이르기 때문에, 물 싸움 문제를 해결하기란 여간 어려운 일이 아닙니다.

일찍이 1960년대에 존 F. 케네디 미국 대통령은 "물 부족 문제를 해결하는 사람은 노벨 평화상과 과학상을 동시에 받을 것이다!"라고 말했답니다. 아니나 다를까 물 싸움은 세계 곳곳에서 터져 나왔습니다.

최근에 일어난 물 분쟁은 메소포타미아 문명의 발생지인 유프라테스 강을 두고 일어났습니다. 유프라테스 강은 터키 북부 내륙 지역에서 시작하여 시리아와 이라크를 거쳐 페르시아 만으로 흘러가는 중동 지역 최대의 강이에요. 상류는 터키가 차지하고, 중류는 시리아를 지나며, 하류는 이라크를 흐르는 영락없는 국제 하천이지요.

그런데 강 상류를 차지한 터키가 22개나 되는 댐을 건설하는, 터키 역사상 가장 큰 개발 사업을 벌였습니다. 터키는 댐 건설로 9개의 수력 발전소를 세워 전력을 생산해 냈고, 남부의 건조 지역을 어마어마한 농경지로 바꾸었습니다.

특히 가장 큰 댐이 마지막으로 세워져 물을 가두자, 시리아 국민들은 말라 버린 강바닥을 바라보며 한숨만 쉴 수밖에 없었습니다. 시리아와 이라크가 만든 댐은 세워진 지 10년이 지난 뒤에도 물을 다 채우지 못하고 있습니다. 아직 세 나라 사이의 대립이 크게 드러나고 있지는 않지만, 언제 어떻게 폭발할지 아무도 모르는 일이지요.

중동 지역의 또 다른 물 분쟁은 기독교 문명을 탄생시킨 요르단 강을 두고 일어났습니다. 오늘날 중동 지역이 하루도 조용한 날이 없이 분쟁을 겪는 것은 종교와 영토 문제 때문입니다. 그러나 요르단 강물의 사용권도 중요한 원인입니다. 왜냐하면 요르단 강은 레바논, 시리아, 이스라엘, 요르단, 팔레스타인이라는 다섯 나라를 흘러가고 있으니까요.

   첫 충돌은 이스라엘이 사막을 농경지로 바꾸려고 갈릴리 호수의 물을 끌어 대면서 비롯되었습니다. 물을 빼앗긴 요르단은 시리아의 도움을 받아 야르무크 강을 막아 댐을 세우려 했습니다. 이 강은 요르단 강으로 흘러들기 때문에, 댐이 완성되면 요르단 강은 물이 크게 줄어요. 이에 화가 난 이스라엘은 요르단에 있는 댐 공사장을 폭격하고 말았습니다.

이스라엘은 곧이어 1967년에 이집트를 비롯한 아랍의 여러 나라들을 상대로 전쟁을 일으켜 승리했는데, 이때 요르단의 댐 지역까지 차지해 버렸답니다.

이스라엘은 막강한 군사력과 미국의 지원을 바탕으로 지금까지 요르단 강을 독차지하고 있습니다. 하지만 물을 빼앗긴 나라들은 언제든지 되찾아 오려고 호시탐탐 기회를 노리고 있습니다.

1991년에 극심한 가뭄을 겪고 있던 요르단 국왕은 공공연히 "요르단이 이스라엘과 전쟁을 벌인다면, 그 유일한 이유는 바로 물이다!"라고 말할 정도였습니다.

나일 강도 언제 물 전쟁이 터질지 모르는 곳입니다. 나일 강은 아프리카 대륙의 적도 부근에서 시작하여 북쪽으로 흘러 지중해로 들어가는데, 그 길이가 무려 6,650km나 됩니다.

강이 길다 보니 거치는 나라도 많습니다. 나일 강 상류에만 에티오피아, 수단, 탄자니아, 우간다, 케냐, 자이르, 부룬디, 르완다 등 8개 나라가 있어요.

가장 하류를 차지하고 있는 이집트는, 1971년에 아스완하이 댐을 건설하여 일찍부터 나일 강의 혜택을 보아 왔습니다. 그런데 강 상류에 있는 국가들이 농업용수를 얻고 수력 발전을 개발하려고 제각기 댐을 세우려고 했어요.

그 중에서 에티오피아는 이집트에 가장 위협적인 나라입니다. 이집트로 들어오는 물의 85%가 그곳을 거치는데, 에티오피아가 사막을 경작지로 바꾸기 위해 대규모 댐을 세우려고 했기 때문이에요. 하지만 아프리카의 강대국인 이집트가 곧바로 전쟁까지 벌일 기세로 윽박지르자, 약소국인 에티오피아는 댐 건설을 중단한 채 한숨만 쉬고 있습니다.

그러나 상류에 있는 다른 국가들도 모두 나일 강을 막을 속셈이어서, 이집트도 앞날이 캄캄하기는 마찬가지입니다. 나일 강의 물 분쟁은 이제부터 시작인 셈이지요.

● 물 분쟁이 일어나기 쉬운 다국적 강들

그 밖에도 아시아에서는 메콩 강을 사이에 두고, 상류의 중국과 하류의 미얀마, 라오스, 태국, 캄보디아, 베트남 등 5개국이

가장 풍부한 자원? 가장 부족한 자원! 49

갈등을 빚고 있습니다. 그뿐인가요? 인도와 방글라데시는 오래 전부터 갠지스 강으로 다퉈 왔고, 미국과 멕시코는 리오그란데 강 때문에 늘 불편한 관계에 놓여 있습니다.

이처럼 국제적인 물 싸움이 자주 일어나자, 유엔은 물을 합리적으로 공평하게 나눠 쓸 수 있도록 국제 협정을 만들려고 했어요. 하지만 번번이 실패하고 말았습니다. 주요 강의 상류를 차지하고 있는 나라들이 조금도 양보할 생각이 없기 때문이에요.

이렇게 물 사용권을 놓고 터질 전쟁의 불씨는 여전히 세계 곳곳에 남아 있습니다.

물 풍요 · 물 부족 · 물 기근 국가 분류 기준과 현재 상황

물 기근 국가군	매년 1인당 활용 가능한 물의 양 1,000㎥ 미만 (만성적인 물 부족을 경험)	알제리, 바레인, 부룬디, 카포베르데, 이집트, 이스라엘, 요르단, 쿠웨이트, 리비아, 오만, 카타르, 사우디아라비아, 싱가폴, 튀니지, 아랍에미레이트연방, 예멘
물 부족 국가군	매년 1인당 활용 가능한 물의 양 1,700㎥ 미만 (주기적인 물 부족을 경험)	벨기에, 키프러스, 아이티, 케냐, 모로코, 폴란드, 르완다, 소말리아, 남아프리카공화국, 영국, 한국
물 풍요 국가군	매년 1인당 활용 가능한 물의 양 1,700㎥ 이상 (일부 지역만 물 부족 경험)	미국, 일본, 캐나다 등 131개국

강과 바다가 살아야 사람이 산다

우리가 가장 손쉽게 이용하고 있는 수자원, 강과 호수.
오염된 물을 정화하고 걸러내는 습지.
온갖 유용한 식량 자원과 지하 자원의 보물 창고라 할 바다.
온 인류의 삶터인 강과 바다는 지금 어떤 상태일까요?

강은 흐르고 싶다!

강과 호수는 우리가 가장 손쉽게 이용할 수 있고, 실제로 가장 많이 이용하고 있는 수자원입니다. 하지만 강과 호수의 물은 전체 민물 양의 0.3~0.4%로 아주 적어요. 이처럼 양이 매우 적기 때문에 부족해지기 쉽고, 그만큼 오염되기도 쉽습니다.

깊은 산 속 조그만 샘에서 솟아난 물은, 흐르고 흘러 시냇물을 이루고, 시냇물이 하나둘 합쳐지면서 강이 됩니다. 강 상류는 물길이 좁고 경사가 급해 물 흐름이 아주 빨라요. 이때 바위에 부딪혀 거품을 일으키며 흐르는데, 공기와 접촉하는 면적이 넓어서 물 속에 산소가 많이 녹아 있습니다. 그 반면에 물 속에

*유기 물질은 많지 않기 때문에 물고기나 수중 생물의 수는 적습니다.

강 하류로 내려올수록 차츰 물길이 넓어지고 흐름도 느려집니다. 공기와 접촉할 수 있는 면적이 좁아지므로 그만큼 물 속에 녹아 있는 산소가 적습니다. 게다가 육지에서 흘러드는 유기 물질이 많아져서 물고기와 조개류 같은 생물이 살기에는 좋으나, 자칫하면 물이 썩기 쉬워요.

강은 주변의 땅에서 흘러드는 유기 물질에서 영양분을 공급받는가 하면, 반대로 육지의 생물들에게 필요한 물을 나눠 줍니다. 이처럼 강은 주변 환경과 끊임없이 영향을 주고받습니다.

환경 변화를 일으키는 댐

사람들은 물을 더 많이 더 쉽게 이용하려고 커다란 댐과 저수지를 만들어 왔습니다. 세계적으로 보아도 댐을 거치지 않고 바다로 흘러가는 강은 거의 없을 정도예요. 우리 나라의 주요 강도 거의 댐에 막혀 있습니다. 한강, 낙동강, 금강, 영산강 등 주요 강을 중심으로 40여 개의 댐과 저수지가 있지요.

*유기 물질 : 단백질, 지방, 탄수화물 등을 포함하는 물질로, 보통 살아 있는 몸을 이루는 물질을 일컫는다.

댐과 저수지의 중요한 기능은 강물을 조절하는 것입니다. 홍수가 나면 물을 가두어 두고, 가뭄에는 적절히 내보내는 거예요. 또 댐과 저수지의 물은 정수 시설을 거쳐서 수돗물로 만들어져 가정의 식수나 생활 용수로 쓰입니다. 수력 발전소를 세워 전기를 일으키는 데에도 쓰이지요. 뿐만 아니라 빼어난 주변의 경치 때문에 관광지로 개발되기도 합니다.

댐과 저수지를 세우는 데에는 많은 돈과 시간이 들어갑니다. 그래서 물막이 공사가 쉽고 비용도 적게 드는 곳에 가장 먼저 이루어졌지만, 이제 그런 곳은 거의 없습니다. 댐을 지을 만한 곳엔 이미 다 지었으니까요.

게다가 댐이 여러 가지 환경 변화를 일으킨다는 사실이 밝혀졌습니다. 댐으로 흘러드는 강물은 많은 양의 모래와 자갈, 영양 물질 등을 옮겨 와 강바닥에 쌓습니다. 그러면 물높이가 점점 낮아져 댐 수면이 짧아지고, 댐에 갇혀서 고여 있는 물은 오염되기도 쉬워요. 특히 대부분의 댐과 저수지의 물이 상수원으로 이용되고 있어서, 오염이 되면 곧 우리가 마시는 수돗물의 질이 떨어지는 것입니다.

또 많은 물이 증발하면서 안개가 자주 끼기 때문에, 주변 지역의 기온을 변화시키거나 동식물의 생태를 바꾸어 놓기도 합니다. 그런가 하면 엄청난 물의 무게 때문에 땅을 가라앉게 하거나 지진을 일으키기도 합니다.

　따라서 앞으로는 대규모의 댐은 세우지 말아야 합니다. 세계적으로도 대규모 댐의 건설은 크게 줄고 있습니다. 1970년대까지 연평균 약 360개가 건설되었으나, 이후부터는 절반 수준에 그치고 있어요. 그러나 이것은 환경 파괴를 걱정해서라기보다는 미국과 서부 유럽 같은 곳에는 더 이상 댐을 만들거나 강물을 끌어다 쓸 만한 곳이 없기 때문입니다.

　댐이 꼭 있어야 한다면 될수록 작게 만들어야 합니다. 이때에도 주변의 자연 환경을 꼼꼼히 살펴서 생태계가 파괴되는 일이

없도록 노력해야 해요.

댐을 작게 만들면, 자연 환경의 변화로 생기는 피해를 크게 줄이면서, 지역 사정에 따라 여러 가지 용도로 이용할 수 있습니다. 깨끗한 식수를 얻을 수 있고, 생태 관광지로 개발할 수도 있어요. 또 *소수력 발전을 통해 직접 전기를 일으켜 사용할 수도 있습니다.

환경 보호에 관심이 많은 사람들이 마음에 새겨 두면 좋은 말이 있어요. '작은 것이 아름답다!'는 말이지요.

녹색 댐으로 대신하자

숲 속의 흙은 매우 부드럽고 깊어요. 나무 뿌리가 땅 속 깊이 뻗어 가고, 낙엽이 쌓여 기름진 흙을 만들기 때문입니다. 이런 흙 속에는 수많은 벌레와 미생물이 돌아다니며 길을 뚫어 놓아요.

울창한 숲에 비가 내리면, 부드럽고 깊은 땅은 마치 스펀지처럼 물을 흠뻑 머금고 있다가 서서히 흘려 내보냅니다. 그래서 갑자기 큰비가 내려도 홍수가 일어나지 않아요. 숲은 장마 때에는 물을 모아 두고, 가뭄에는 물을 공급해 주는 거대한 녹색 댐

---

*소수력 발전 : 경사가 심한 작은 강이나 폭포수를 막고, 물이 떨어지는 힘을 이용해 전기를 일으키는 일을 말한다.

입니다.

우리 나라에 1년 동안 내리는 빗물의 양은 무려 1,267억 톤이나 됩니다. 그러나 이 가운데 45%는 땅에 떨어지기도 전에 증발되어 없어집니다.

그 나머지 55%인 약 700억 톤의 물만이 강이나 지하수를 이

_ 잘 가꾼 숲은 자연적으로 댐의 역할을 할 뿐 아니라 수많은 생물의 삶터를 제공하고, 사람들에게 좋은 휴식의 공간이 되어 준다.

룹니다. 그런데 우리 나라는 비가 여름철에 집중적으로 내리므로, 약 260억 톤의 빗물은 그대로 바다로 흘러가고 말아요. 그러니 국토의 3분의 2를 차지하는 산림이 녹색 댐의 역할을 잘 한다면, 헛되이 흘러가는 물을 붙잡아 놓을 수가 있겠지요?

현재 제대로 가꾼 숲이 부족한 상태에서도, 우리 나라 산림이 저장할 수 있는 물은 약 180억 톤이나 된다고 해요. 전국의 모든 대규모 댐에서 저장할 수 있는 물이 약 130억 톤이니까, 숲은 정말 엄청난 크기의 댐인 셈이지요.

숲은 빗물을 정화시키는 일도 합니다. 빗물 속에 녹아 있는 갖가지 오염 물질을 걸러 내 주어요. 이런 수질 정화는 빗물이 토양 속을 흐르는 시간이 길수록 효과가 크므로, 잘 가꾼 숲은 거대한 수질 정화 시설이기도 합니다.

또한 숲은 더 많은 비를 내리도록 도와줍니다. 숲이 비를 내리게 한다니 신기한가요?

안개와 구름의 정체는 아주 작은 물방울입니다. 그것들이 숲의 나뭇잎이나 가지에 부딪혀 물방울을 이루면 빗물처럼 흘러내려요. 이것을 바로 '나무 비'라고 합니다. 어느 고산 지대의 숲에서는 1년에 무려 300mm 이상의 나무비가 내린 기록이 있다니 정말 놀라운 일이지요.

그러나 뭐니 뭐니 해도 숲이 주는 가장 큰 혜택은 이산화탄소를 빨아들이고 산소를 만들어 내는 일입니다. 이 때문에 브라질의 아마존 지역 같은 열대우림을 '지구의 허파'라고 부르는 것입니다.

숲은 또 수많은 생물의 삶터를 만들어 주고 갖가지 식물을 자라게 하는 생태계의 보물 창고랍니다. 더욱이 울창한 숲은 인간에게 아주 좋은 휴양지이기도 해요.

이처럼 숲이 우리에게 주는 혜택은 너무나 큽니다. 목재 생산, 산나물이나 약초 채취 등으로 숲에서 직접 얻을 수 있는 경제적인 이익 말고도 물의 저장과 정화, 공기 정화, 휴양지 제공, 생물 종 보호와 같은 일을 합니다. 이러한 가치를 흔히 '공익적 기능'이라고 말하지요.

우리 나라의 전체 숲이 주는 공익적 기능을 돈으로 따지면, 무려 50조 원이 넘는다고 합니다. 이는 국민총생산(GNP)의 10%에 이르고, 국민 1인당 약 110만 원어치의 혜택을 주고 있는 셈이에요. 여러분이 그 고마움을 알아주든 말든, 숲은 해마다 100만 원이 넘는 돈을 공짜로 나눠 주고 있는 셈입니다.

생태계를 살리는 습지

습지는 땅이 우묵하게 파여 항상 물이 고여 있는 곳으로, 흔히 '늪'이라고도 합니다. 습지의 보존에 대한 세계의 약속이라 할 수 있는 '람사 협약'에 따르면, 습지는 수심이 6m가 안 되는 얕은 늪지대를 말합니다. 습지는 크게 내륙 습지와 해안 습지로 나눕니다. 내륙 습지가 늪이라면, 해안 습지는 갯벌이지요. 우리 나라의 습지는 대부분이 갯벌로, 내륙 습지는 아주 드물어요.

내륙 습지는 수심이 낮아 흔히 저수지로 이용하다가, 점차 메워지면 논이나 밭으로 바꾸어 이용해 왔습니다. 그래서 지금까지 남아 있는 습지가 아주 적어요. 그나마 남은 곳도 쓸모 없는 땅으로 여겨서 걸핏하면 다른 용도로 개발하려고 합니다.

습지는 오염된 물을 정화하고 걸러 내는 아주 중요한 일을 합니다. 하지만 주변 육지에서 많은 양의 흙과 유기 물질이 흘러들어 점점 메워지기 때문에 수명이 짧은 생태계예요. 게다가 늪에 들고나는 물의 양이 적어 섞임이 약하고 흐름도 느려서 오염되기가 아주 쉽습니다.

먹이가 풍부한 습지는 철새들의 천국이기도 합니다. 습지에는 육지나 강과 달리, 아주 독특한 습지 식물과 수중 생물이 살고 있답니다.

우리 나라에서 가장 큰 늪인 경남 창녕의 우포늪에는 벌레를 잡아먹고 사는 끈끈이주걱을 비롯하여 가시연꽃, 생이가래, 자라풀 같은 1백여 가지의 수생 식물이 자라고 있습니다. 또한 천연기념물인 노랑부리저어새와 큰고니를 비롯하여 쇠물닭, 논병아리 같은 수십 가지의 새들이 살고 있지요. 그 밖에도 수많은 물고기와 크고 작은 동물들이 살고 있습니다.

한편, 강원도 인제의 대암산에 있는 용늪은 해발 1,200m 부

> **람사 협약**
>
> '물새 서식지로서 국제적으로 중요한 습지'에 관한 국제 협약이다. 물새의 주요 서식지인 습지를 보호하기 위해, 1971년에 이란의 람사에서 체결되었다. 우리 나라는 1997년에 세계에서 101번째로 가입하였고, 현재 강원도 인제의 대암산 용늪과 경남 창녕의 우포늪을 보호구로 지정하고 있다.

_ 우리 나라에서 가장 큰 늪인 경남 창녕의 우포늪.
이 늪지가 처음 형성되기 시작한 것은 대략 1억 4,000만 년 전이라고 한다.

근에 있는 보기 드문 '고지 습지' 입니다.

해안 습지인 갯벌에도 매우 다양한 생물이 살고 있습니다. 바닷물이 밀려들면 크고 작은 물고기들이 풍부한 먹이를 찾아 몰려들고, 썰물 때에는 낙지나 게, 조개들의 천국이 됩니다.

갯벌에는 강에서 떠내려 온 영양분이 많고, 광합성에 필요한 햇빛도 넉넉하므로 갖가지 식물성 플랑크톤과 해조류가 많이 자라고 있습니다. 갯벌 바닥에는 갯지렁이나 개불 같은 환형동물이 미생물이나 해조류를 먹고살아요. 그리고 마지막까지 남는 찌꺼기는 진흙 바닥에 가라앉아 *분해자인 박테리아의 먹이가 됩니다.

이처럼 갯벌은 생산자와 소비자, 그리고 분해자가 한데 어우러져 하나의 독립된 생태계를 이루고 있습니다.

바다 생태계에서 차지하는 갯벌의 역할은 다양한 생물 종을 길러 내는 데에 그치지 않아요. 갯벌은 육지와 바다 사이의 중간 지역으로서 중요한 기능을 하고 있으니까요. 이를테면 강에서 흘러드는 독성 물질과 병원균, 지나치게 많은 영양분과 침전물을 담아 두는 한편, 큰 파도나 폭풍으로부터 해안 지역을 보호해 줍니다.

동양 최대의 *간척 사업으로 사라지게 될 새만금 갯벌은, 무려 20만 헥타르(ha, 땅의 면적을 나타내는 단위. 1헥타르는 1만 m^2로 약 3,000평에 해당한다)에 이르는 갯벌이 하루에 10만 톤을 처리할 수 있는 *하수 종말 처리장 40개의 역할을 합니다. 갯벌은

---

*분해자 : 죽은 생물의 몸이나 배설물을 잘게 부수고 썩게 하여, 유기물을 무기물로 분해하는 세균이나 곰팡이 같은 미생물을 말한다. 자연계의 온갖 쓰레기를 깨끗이 치워 주는 청소부 역할을 한다.
*간척 : 육지에 닿아 있는 바다나 호수의 일부를 둑으로 막고, 그 안의 물을 빼내어 육지로 만드는 일.
*하수종말처리장 : 가정이나 공장에서 나온 폐수를 모아 수질을 정화하는 곳.

천혜의 어장이자, 거대한 자연 정화 시설인 셈이에요.
 그러나 갯벌은 갈수록 사라지고 있어요. 대규모로 벌이는 간척 사업 때문인데, 현재까지 지구 전체 갯벌의 절반 가량이 사라졌다고 합니다.
 해수면보다 낮은 땅이 많은 네덜란드는 넓은 해안 습지를 둑으로 막고 물을 빼내어 경작지로 만들어 왔습니다. 지난 1천 년

_ 바다를 둑으로 막고 물을 빼내어 육지를 늘리는 간척 사업.
 최근에는 갯벌의 가치를 더 중요하게 생각하는 사람들이 많아지면서 간척 사업에 반대하는 목소리가 높다.

동안에 바다를 막아서 국토의 3분의 1이 넘는 엄청난 땅을 늘렸지요.

전통적인 농업 국가였던 우리 나라는 1970년대 초에 세계적인 식량 파동을 겪고 난 뒤 대대적으로 간척 사업을 벌였습니다. 빠르게 늘어나는 인구 때문에 더 많은 농토와 농업 용수가 필요했으니까요.

그러나 최근에는 갯벌을 지키려는 사람들이 크게 늘고 있습니다. 천혜의 어장과 오염 물질의 천연 정화 시설로서 갯벌의 경제적 가치가 매우 크다는 사실을 알았기 때문입니다. 게다가 수많은 새들의 삶터가 되고, 사람들의 정서를 풍부하게 해 주는 등 갯벌의 생태적 가치를 깨달았기 때문이기도 해요.

오늘날 세계적인 간척 국가인 네덜란드는 갯벌 생태계를 회복시키려고 전체 간척지의 15%를 다시 바다로 되돌리려 해요. 시화호나 새만금 갯벌 같이 세계에 자랑할 만한 갯벌을 없애 버리고 있는 우리에게 뼈아픈 교훈이 되는 이야기입니다.

바다에 우리의 미래가 있다

지구 생태계의 중심, 바다

　바다는 언제 어디서 보아도 한결같은 모습입니다. 그러나 자세히 살펴보면 육지에서 가까운 얕고 화려한 산호초 지역부터 해수면 밑으로 수천m에 이르는 산맥에 이르기까지 아주 다양한 모습을 갖고 있어요.

　바다에는 크게 두 개의 생태계가 있다고 할 수 있습니다. 하나는 육지와의 거리에 따라, 또 하나는 바다의 깊이에 따라 뚜렷이 다른 세계가 펼쳐져요.

　지구의 바다는 평균 깊이가 3,800m인데, 수심 300m 아래에는 빛이 없는 암흑의 세계입니다. 거기에 적응해 살아가는 생물의 종은 아주 적어요. 눈이 퇴화해 버려 스스로 빛을 내어 살아가는 게르치나 금눈돔 같은 몇몇 심해 어류만이 살 수 있습니다.

물은 10m 깊어질 때마다 수압이 1기압씩 올라갑니다. 그러니까 1,000m 깊이에서는 100기압이라는 엄청난 압력을 받지요. 이렇게 아주 깊은 바다에는 빛도 없지만, 그 엄청난 수압 때문에 생물이 살기 어려워요. 그래서 해저 생물은 바다의 깊이에 따라 그 수압을 이겨내며 살 수 있게 독특한 생김새와 생활 방식을 갖고 있습니다.

바다 생물의 대부분은 해안과 대륙붕 사이의 얕은 바다에서 살아요. 육지에서 강을 따라 풍부한 영양분이 떠내려 오고, 햇빛도 바닥까지 충분히 들어오기 때문이에요.

대륙붕은 해변에서 평균 70km 까지 이어지는 얕은 바다입니다. 전체 바다 면적의 약 10%밖에 안 되지만, 고기잡이의 90%가 이곳에서 이루어집니다. 특히 강물과 바닷물이 만나는 하구에서는 짠물과 민물을 자유로이 오가는 뱀장어나 연어 같은 특수한 어류만이 살 수 있습니다.

바다는 지구 생태계의 중심입니다. 바다의 가장 중요한 기능은 기후를 조절하는 일이에요. 빨리 데워지고 빨리 식어 버리는 육지와 달리, 바다는 온도 변화가 크지 않습니다. 이 때문에 겨울철에 해안 지역이 내륙 지역보다 따뜻해요. 바다는 여름에는 열을 흡수하고 겨울에는 열을 내보내 육지의 기온을 고르게 하기 때문입니다.

바다는 또 산소를 만들어 내고 이산화탄소를 흡수합니다. 바다가 만들어 내는 산소의 양은 지구 전체에 필요한 산소의 양 가운데 30~50%를 차지합니다. 마치 식물이 이산화탄소를 흡

대륙붕
대륙 주변의, 물 깊이가 200m 정도 되는 얕은 바다. 경사가 급하지 않으며 각종 수산물과 지하 자원이 풍부하다.

수하고 산소를 내뿜는 것과 비슷합니다. 그래서 이를 '바다의 광합성'이라고 해요.

석유 탐사선
대륙붕에는 천연가스나 석유가 매장되어 있기도 하다.

지구 온난화

지구의 대기는 온실의 유리창이나 비닐처럼 태양에서 오는 열은 잘 투과시키고, 지구에서 빠져나가는 열은 흡수하여 지구의 온도를 보존해 주는 역할을 한다. 지구의 평균 기온이 지금과 같이 15℃ 정도로 유지되는 것은 지구 대기의 온실 효과 덕분이다. 그런데 산업이 발달되면서 온실 효과를 일으키는 이산화탄소 같은 기체가 크게 증가하여, 온실 효과가 너무 높아져 지구 대기의 온도가 점점 올라가게 되었다. 이것을 '지구 온난화' 현상이라고 한다.

바다의 광합성은 공기 중의 이산화탄소 양을 조절하기 때문에 더욱 중요합니다. 오늘날 세계는 심각해지는 온실 효과 때문에 지구 온난화를 걱정하고 있으니까요.

금쪽같은 산호초

따뜻한 남쪽 나라의 바다 속에는 보물이 감춰져 있습니다. 주로 동남아시아와 오스트레일리아, 카리브 해의 섬들에 많이 있는데, 수심 20m의 맑고 깨끗한 바다에만 있어요. 그 보물이란 바로 산호초예요.

산호초는 수많은 산호충의 *골격이 쌓여서 생긴 암초나 섬인데, 지구상에서 가장 오래된 생물 *군집이에요. 산호충은 해파리나 말미잘 같은 *강장동물의 일종으로, 크기가 아주 작아 수천에서 수만 개가 한데 모여 살아요. 그러니까 우리가 알고 있는 산호

---

*골격 : 동물의 몸을 이루고 지탱하는 뼈의 조직.
*군집 : 여러 종류의 생물이 같은 지역에 살면서 서로 긴밀한 관계를 가지고 생활하는 생물 개체들의 모임을 뜻한다.
*강장동물 : 물에서 사는 다세포 동물로서 강장과 입 주위에 촉수가 있으며, 촉수에는 많은 바늘 세포(자세포)가 있다. 한 곳에 붙어사는 것으로 산호와 말미잘이 있고, 헤엄쳐 떠다니는 것으로는 해파리가 있다.

는 산호충 군체의 골격인 셈이지요.

그런데 왜 산호초를 보물이라고 할까요? 이 말은 산호가 값비싼 보물이라는 게 아니라, 지구를 위해 없어서는 안 될 귀중한 존재라는 뜻이에요.

산호는 엄청난 양의 이산화탄소를 고체 상태로 안전하게 보관하는 창고입니다. 산호가 흡수하는 이산화탄소의 양은, 아마존과 인도네시아의 열대 우림을 포함한 육지 전체의 숲에서 흡수하는 것보다 훨씬 많다고 합니다.

다른 모든 생물들처럼 산호도 제 몸을 숨기고 살아갈 집을 스스로 짓습니다. 그 집은 산호가 탄산칼슘이라는 석회질 성분을 내보내서 만든 것으로, 콘크리트만큼 딱딱합니다.

산호는 물질을 더듬어 알아채는 촉수라는 게 있어서, 바다 속을 떠다니는 플랑크톤과 유기 물질을 먹고삽니다. 이때 바닷물에 녹아 있는 칼슘과 이산화탄소를 이용하여 탄산칼슘을 만들게 되고, 그것이 바로 집을 짓는 단단한 재료가 되는 것입니다.

산호는 제 어미의 주검 위에다 제 집을 짓고 살아요. 세월이 흐르면 집은 점점 커집니다. 이렇게 수억, 수십억 년 동안 대대손손 살아온 산호의 흔적이 그대로 남아 마침내 산호초라는 섬을 만들어 내는 거예요. 말하자면, 수억 년 동안 바닷물 속에 녹아 있는 이산화탄소를 제 몸 속에 차곡차곡 쌓아 온 것이지요.

화려한 형광 색을 자랑하는 환상적인 모습의 산호초는 수많은 진기한 생물들의 보금자리입니다. 산호초의 면적은 전체 바다의 0.2%도 안 되지만, 바다 생물 종의 25%가 이곳에서 살고 있어요. 세계 어획량의 10%가 산호초에서 잡힌답니다. 그래서 산호초는 '바다의 열대 우림'이라는 별명을 가지고 있어요.

산호초는 필리핀, 인도네시아, 말레이시아 같은 서태평양 지역과 중부 아메리카의 카리브 해에 가장 많이 분포하고 있습니다. 특히 오스트레일리아의 동북쪽 해안을 따라 형성된 산호초는 길이가 무려 2,000km에 이릅니다.

그런데 오늘날 산호초는 여러 가지 환경 파괴의 피해를 입고 있습니다. 세계 곳곳에서 벌어지고 있는 갖가지 개발 사업으로, 많은 양의 흙더미가 밀려들어 산호초가 자꾸만 줄어들고 있어요. 바닷물이 흙탕물이나 오염 물질로 흐려지면, 햇빛이 부족해져 광합성을 하는 바닷말들이 줄어들어요. 결국 산호는 먹이의 부족으로 점차 사라지고 맙니다. 지구의 혜택을 가장 많이 받고 사는 인간이, '지구의 수호자'를 굶어 죽게 만들고 있는 거예요.

최근에는 산호의 아름다움을 즐기려는 관광객이 몰려드는 바람에, 산호초 주위를 직접 오염시키는 일도 허다합니다. 카리브 해는 그러한 해안 관광으로 해마다 8조 원이 넘는 돈을 벌어들인다고 합니다. 100개가 훨씬 넘는 동남아시아 해안 관광지도

_ 화려한 색을 자랑하는 산호초. 막대한 양의 이산화탄소를 흡수함으로써 지구 환경 보호에 큰 몫을 하고 있다.

대부분 산호초가 있는 곳이랍니다.

  더욱 한심스러운 것은, 산호초를 시멘트의 원료로 쓰기 위해 파괴시키거나 물고기를 잡으려고 산호초에 폭약을 터뜨리는 일까지 벌어지고 있다는 거예요. 산호를 관광 기념품으로 내다 팔기 위해 마구 채취하는 것은 말할 것도 없고요. 지구의 수호자 산호초 속에 숨은 엄청난 비밀을 안다면, 차마 그런 짓은 못하겠지요!

물 오염,
정말 이래도 될까?

물은 스스로 깨끗해지는 자정 능력이 있습니다.
그러나 오염 물질이 너무 많이 흘러들면 오염되고 맙니다.
물 오염은 대부분 사람에 의해 일어나고 있습니다.
물을 오염시키는 원인에는 어떤 것들이 있을까요?

물 오염의 주범, 생활 하수

자연 상태의 물은 얼른 보아서 떠다니는 찌꺼기가 없고, 거품과 악취가 나지 않습니다. 물 속에는 생물에게 필요한 양의 산소가 녹아 있고, 여러 가지 무기질이 알맞게 들어 있으며, 독성 물질이 거의 없습니다. 갖가지 식물과 동물, 미생물이 살아가기에 알맞은 물이지요. 다시 말해, 자연 상태의 물은 생태적으로 안정돼 있는 물이라 할 수 있어요.

물론 자연 상태에서도 오염 물질이 흘러들지만, 이 때문에 오염 문제가 일어나지는 않습니다. 물은 스스로 깨끗해지는 자정 능력이 있기 때문이에요.

먼저, 물 속에 들어온 오염 물질은 밑으로 가라앉거나 섞이면서 흐려집니다. 그러는 가운데 물 속에 사는 크고 작은 동식물이 오염 물질을 먹어 치워요. 남은 찌꺼기는 수많은 미생물이 분해하기 때문에, 물은 서서히 깨끗해지게 됩니다.

하지만 오염 물질이 너무 많이 흘러들면, 물의 자정 능력을 넘게 되어 여러 가지 문제가 생겨요. 이것을 '수질 오염'이라고 합니다. 오늘날의 수질 오염 문제는 자연적으로 생기는 게 아니라 거의 사람에 의해 일어나요.

예전에는 사람과 가축의 똥오줌으로 오염되는 게 고작이었어요. 그러나 최근에는 많은 사람들이 도시에 모여 살고 문화 수준이 높아지면서, 오염 농도가 높은 생활 하수가 엄청나게 쏟아지고 있습니다. 또 각종 산업이 빠르게 발달하면서 수많은 공장에서 내보내는 유기물과 중금속이 강과 호수와 바다를 크게 오염시키고 있습니다.

물을 오염시키는 것에는 크게 세 가지가 있습니다. 우리가 쓰고 버린 생활 하수, 농장과 축사에서 흘러나오는 농축산 폐수, 그리고 갖가지 공장에서 쏟아내는 산업 폐수가 바로 그것이에요.

생활 하수는 우리가 날마다 집, 회사, 학교 등에서 쓰고 버리는 물입니다. 주로 합성 세제와 사람의 배설물, 음식물 찌꺼기 등이 생활 하수에 들어 있는 오염 물질이에요.

화학 비료와 농약에 오염된 농업 폐수는 매우 넓은 지역에서 흘러나오기 때문에, 그 양이 많고 버리는 곳도 잘 알 수 없습니다. 그래서 가장 큰 골칫거리가 되고 있어요. 축산 폐수와 산업 폐수는 비록 그 양은 적지만, 오염 농도가 진하고 중금속이 들어 있어 더욱 위험합니다.

그렇다면 이 중에서 수질을 가장 많이 오염시키는 것은 무엇일까요? 흔히 산업 폐수라고 생각하고 있지요? 하지만 아니에요. 바로 생활 하수가 수질 오염의 주된 원인이랍니다.

수질을 오염시키는 물질 중에서 전체의 70%가 집집마다 쓰고 버리는 생활 하수입니다. 또한 생활 하수 중에서도 가장 문제가 되는 오염 물질은 분해가 잘 되지 않는 합성 세제입니다.

물 오염, 정말 이래도 될까? 79

사람을 위협하는 합성 세제

　수질 오염의 주범인 합성 세제는 부엌에서 그릇을 닦을 때 쓰는 세척제와 빨래할 때 쓰는 중성 세제, 그리고 샴푸나 린스 같은 액체 비누 등을 말합니다.
　합성 세제는 석유나 식물성 기름을 원료로 하여 만드는데, 여기에다 *센물에서도 세탁이 잘 되라고 수질 오염의 큰 원인이 되는 인산 성분을 넣기도 합니다.

*센물 : 칼슘과 마그네슘 이온이 많이 녹아 있는 물로서, 비누가 잘 녹지 않아 세탁에 알맞지 않다. 반면 수돗물처럼 광물질이 적게 들어 있는 단물은 비누가 잘 풀린다.

합성 세제에 오염된 물은 거품이 생겨서 햇빛도 들어가지 못하고, 공기 속의 산소도 녹아들지 못해요. 물 속에 햇빛이 들지 못하고 산소가 부족해지면 수많은 물 속 생물이 살아갈 수 없습니다. 이 때문에 물의 자정 능력이 힘을 쓸 수 없고, 수질은 쉽게 오염되고 말지요.

이 같은 합성 세제의 독성은 사람에게 직접 해를 끼칩니다. 우리가 쓰고 버린 세제는 돌고 돌아 다시 우리 부엌으로 들어오니까요.

합성 세제에 오염된 강물은 꼼꼼한 정수와 살균 과정을 거쳐서 수돗물로 만들어지지만, 그 독성이 완전히 없어지지는 않아요. 지하수도 안심할 수 없습니다. 합성 세제의 독성이 땅 속으로 스며들면서 걸러지더라도 남는 것이 있으니까요. 이처럼 걸러지지 않은 독성 물질은 당연히 수돗물이나 지하수에 섞여서 우리 집 부엌까지 들어오는 것입니다.

또 세제로 닦은 식기를 아무리 깨끗이 헹구어도, 적으나마 세제는 남아 있어요. 그러니 우리는 날마다 세제의 독성 물질을 조금씩 먹고 있는 셈이에요.

세제의 독성이 몸 속에 들어오면 간장 세포를 상하게 하므로, 얼굴색이 검어지고 기미가 낍니다. 그뿐 아니라 핏속의 *백혈구와 적혈구의 수를 줄어들게 하여 심각한 질병을 일으킬 수 있어요. 또 머릿결을 부드럽게 한다는 샴푸나 린스를 자주 쓰면 머리카락이 빠지고, 오히려 비듬이 생기기도 합니다. 부엌일을 많이 하는 사람은 습진 같은 피부병이 생기기도 해요.

합성 세제로 빤 옷을 다섯 번이나 헹구어도 세제가 남아 있었다는 실험 결과가 있습니다. 정말 놀랍지요? 그러니 될수록 합성 세제를 쓰지 않는 것이 좋아요. 쓰더라도 양을 크게 줄여야만 합니다.

*백혈구와 적혈구 : 혈액 속의 성분. 백혈구는 면역 기능에 중요한 역할을 하고, 적혈구는 산소를 몸의 각 부분에 나르는 역할을 한다.

돌이킬 수 없는 환경 피해, 산업 폐수

여러 가지 공장에서 사용하고 버리는 물을 공장 폐수, 또는 산업 폐수라고 합니다. 산업 폐수는 우리 나라의 총 하수 발생량 가운데 37%를 차지하여, 생활 하수보다는 적은 편입니다.

그러나 산업 폐수에는 농도가 진한 유기 물질이나 독성이 강한 중금속이 들어 있습니다. 물을 훨씬 심하게 오염시킬 수 있는 거지요. 더욱이 산업의 규모가 점점 커지고 다양해지면서, 산업 폐수의 양이 해마다 늘어나고 있습니다.

산업 폐수에 들어 있는 독성 물질은 오랜 기간 동안 식물이나 동물의 몸 속에 쌓였다가, 결국은 사람의 몸 속으로 들어갑니다. 중금속이 어느 생물의 몸 속에 들어가면, 먹이 사슬을 따라 다른 생물의 몸 속에 쌓이게 된답니다. 이때 영양 단계가 하나 높아지면 중금속의 농도는 약 10배씩 진해진다고 해요.

그러므로 몇 단계의 먹이 사슬을 거친 생물의 몸 속에는 첫 단계의 생물보다 수만 배가 넘는 중금속이 쌓이는 것입니다. 만약 다섯 단계를 거쳤다면 어떻게 될까요? 단계를 거칠 때마다 10배씩 늘어나므로(10×10×10×10×10=100,000) 무려 십만 배

나 늘어납니다. 이러한 과정을 '생물 농축'이라고 해요.

수질 오염을 일으키는 중금속으로는 수은과 납, 카드뮴, 비소, 크롬 등이 있습니다.

우리 나라에서는 1991년에 어느 화학 공장에서 *페놀이 흘러나와, 영남 지방의 상수원인 낙동강을 오염시킨 사고가 있었습니다. 페놀에 오염된 강물이 수돗물에 들어가 악취가 나자 큰 소동이 벌어졌어요.

1994년에는 더 큰 사고가 터졌습니다. 산업 폐수가 또 상수원인 낙동강에 흘러들어 수질을 오염시켰어요. 강물에서 독성이 있는 유기 물질 말고도 발암 물질인 *벤젠과 톨루엔이 검출되었고, 심지어 기름 띠가 둥둥 떠다니고 있었습니다. 수돗물은 뿌옇게 흐려졌고, 악취가 코를 찔렀어요. 수돗물을 쓸 수 없게 된 사람들은 마실 물을 구하지 못해 큰 고통을 겪었습니다.

산업 폐수는 그 성분이 다양하고 독성도 강하므로, 정화 처리하는 방법도 상당히 복잡하고 시간도 오래 걸립니다. 따라서 적절히 처리할 시설을 미리 갖추는 일도 중요하지만, 폐수의 양을 줄이는 노력이 꼭 필요합니다. 또 폐수가 그대로 강으로 흘러들지 않도록 철저하게 관리하는 일도 아주 중요합니다.

*페놀 : 방부제, 소독제, 합성수지, 염색제, 농약과 폭약 따위를 만드는 데에 쓰인다. 수돗물을 소독하기 위해 넣는 염소와 만나면 독성이 강한 클로로페놀로 변한다.
*벤젠과 톨루엔 : 둘 다 무색의 휘발성 액체로 합성 섬유, 의약품, 페인트와 물감, 폭약, 향료 등의 원료로 많이 쓰인다. 증기만 쐬어도 해로운 강한 독성 물질이다.

그 많은 가축의 똥은 어디로 갈까?

1980년대부터 우리 나라 경제가 크게 성장하고 국민 소득이 크게 늘면서, 고기는 우리에게 흔한 먹을거리가 되었습니다. 쇠고기, 돼지고기, 닭고기, 오리고기를 비롯해 햄이며 소시지, 온갖 가공 식품까지, 세상이 온통 고기로 넘쳐날 지경이지요. 이처럼 고기 소비가 늘면서 축산업도 크게 성장했습니다. 곳곳에 커다란 축사가 들어섰지요. 도시 근교는 물론이고, 산골에 있는 오지 마을에까지 축사가 지어졌습니다. 문제는 가축의 똥오줌을 비롯한 폐수를 걸러내는 시설이 제대로 갖추어지지 않은 축사가 많아 강과 토양을 삽시간에 오염시켰다는 것입니다.

또 하나의 문제는 가축이 먹는 사료에 있습니다. 사료는 거의 옥수수와 콩 같은 곡식으로 만듭니다. 그런데 이 사료에는 가축이 병에 걸리지 않고 빨리 크게 하는 *항생제와 성장 촉진제가 들어 있어요.

이런 사료를 먹은 가축은 고기는 물론 똥오줌에도 고스란히

*항생제와 성장 촉진제 : 항생제는 체내에 들어온 세균이나 미생물의 발육과 번식을 억제시키는 약물이고, 성장 촉진제는 비타민 B나 성장 호르몬과 같이 생물의 성장 속도를 빠르게 하는 약물을 말한다.

 항생제와 성장 촉진제가 남아 있게 되지요. 고기는 사람의 몸을 오염시키고, 똥오줌은 환경을 오염시키는 셈입니다.
 예전에 농가에서 한두 마리씩 가축을 기르던 때에는 아무 문제가 없었습니다. 사람과 가축의 똥오줌이 알뜰히 퇴비로 쓰였기 때문이지요. 화학 비료와 달리 퇴비는 땅을 더욱 기름지게 하고, 농작물이 병충해에 잘 견디고 튼실하게 자라게 해 주었습니다.
 그런데 현재 우리 나라에서는 1,200만 마리의 소와 돼지에게서 하루에만 13만 톤이 넘는 엄청난 양의 똥 오줌이 나오고 있습니다. 더욱이 닭, 오리, 개, 사슴, 양 따위가 내놓는 똥오줌은 빼고도 말이에요.

이 많은 똥오줌은 다 어디로 갈까요? 이것은 땅으로 스며들거나 빗물에 씻겨 내려가, 바로 축산 폐수가 되는 것입니다.

축산 폐수의 양은 우리 나라 총 하수 발생량의 1%밖에 안 되지만, 물을 오염시키는 비중으로 보면 19%에 이를 만큼 매우 큽니다. 그만큼 오염 농도가 진하다는 뜻입니다.

소 한 마리가 일으키는 수질 오염도는 사람보다 12배나 높다고 해요. 그래서 축산 폐수는 배출되는 양은 적어도 늘 수질 오염의 주된 원인으로 꼽히고 있는 것입니다.

광우병

말 그대로 소가 미치는 병으로, 감염된 병균이 소의 뇌나 척수 등을 갉아먹어 일어난다. 초식 동물인 소에게 동물성 사료를 먹인 것이 발병 원인으로 알려져 있다. 그 동안 유럽과 미국에서는 병으로 죽은 소나 양의 사체를 버리지 않고, 도리어 그들의 사료로 만들어 먹여 왔다. 광우병이 무서운 것은, 감염된 쇠고기를 먹은 사람도 뇌에 장애가 생겨 치매를 일으키며, 몇 개월 만에 죽고 만다는 사실이다. 특히 감염된 지 10년에서 30년까지 오랜 기간 뒤에 병이 나타나므로, 당장은 누가 감염되었는지 아무도 몰라 '신이 내리는 형벌'이라고 한다. 아직 치료제도 개발되어 있지 않다.

농약이 강해지면 해충도 강해진다

인류는 약 1만 년 전부터 농사를 지으며 살아왔습니다. 땅을 갈아 씨를 뿌리고 두엄을 내어 곡식과 푸성귀를 가꾸었지요. 두엄은 볏짚과 풀, 가축의 똥 따위를 쌓아서 썩힌 퇴비입니다.

농작물은 땅 속의 영양분을 빨아먹고 자라므로, 토양에도 영양분을 주어야 합니다. 우리 나라는 1970년대까지만 해도 퇴비뿐만 아니라 사람의 똥오줌까지 모아서 땅으로 되돌려 주었습니다.

그러나 공업화가 이루어지면서 농촌의 젊은이들이 너나 할 것 없이 도시로 빠져나가자, 농사가 힘에 부친 농부들은 퇴비

대신에 화학 비료를 찾게 되었습니다. 화학 비료는 효과가 빠르고 쓰기도 쉽기 때문이에요. 하지만 화학 비료를 쓰면서부터 땅은 점차 양분이 없어지고 산성 물질이 많아져 오히려 농작물의 성장이 어려워졌습니다.

비료에 많이 들어 있는 질소 성분은, 산소와 만나면 식물이 쉽게 이용할 수 있는 질산염 형태로 바뀌어요. 하지만 대부분의 식물은 비료의 질산염을 전부 흡수하지 못합니다. 흔히 40% 정도만 빨아들이고 나머지는 물에 녹아 강으로 흘러들거나 땅 속으로 스며들지요.

또한 비료에 의존하는 농사 방법으로는 병충해가 많이 생겨 농작물을 튼실하게 키울 수 없습니다. 그러다 보니 여러 가지 농약을 뿌릴 수밖에 없지요.

농약이 모든 병과 해충을 막아 내지는 못합니다. 농약에 살아남은 병균과 해충은 저항력이 더 강해지기 때문에, 훨씬 더 많은 농약을 뿌려야만 죽일 수 있습니다. 해마다 농약 사용량이 늘고, 독성이 강한 새로운 농약이 만들어지는 이유가 여기에 있어요.

농약은 또 해충 말고도 천적까지 죽이게 되어, 생태계를 파괴하는 주요 원인이 되고 있어요. 진딧물을 없애려고 농약을 뿌리면, 진딧물을 잡아먹고 사는 무당벌레까지 죽습니다. 진딧물의 천적인 무당벌레가 없어지면 진딧물이 생길 때마다 농약을 쳐야 해요.

이러한 악순환의 농사법은 점점 더 많은 비료와 농약을 쓰게 하면서, 정작 농작물의 수확량은 별로 늘어나지 않아요. 오히려 땅을 망가뜨리고 물을 오염시키며 사람의 건강을 해칠 뿐입니다.

물이 썩으면
내 몸도 썩는다

내가 쓰고 버린 물은 영원히 버려진 것이 아닙니다.
물은 돌고 돌아 결국 내 입으로 돌아오게 되므로,
물이 오염되면 곧 우리 몸도 오염됩니다.
그러니 강물이 썩어 악취가 나고 바다에 쓰레기가 넘치면,
내 몸 속이 더러워지고 쓰레기가 쌓이는 것임을 알아야 합니다.

내가 버린 물을 내가 먹는다

나날이 늘어가는 부영양화 현상

생활 하수와 축산 폐수, 비료 등이 강으로 흘러들면, 질소나 인 성분 같은 영양 물질이 매우 많아집니다. 이처럼 물 속에 영양 물질이 많이 생기는 것을 '부영양화' 현상이라고 해요.

물 속에 영양 물질이 풍부해지면 당연히 생물도 많아집니다. 이에 따라 늘어난 수생 생물이 호흡하는 데 필요한 산소도 많아야 해요. 이것을 다른 말로 하면 생물화학적 산소 요구량이 커진다고 하지요. 생물화학적 산소 요구량이 커지면 물 속의 산소가 부족해져서, 결국은 생물이 살지 못하는 썩은 물이 되고 맙니다.

부영양화가 되면 강바닥에 붙어사는 물풀과 키가 큰 수중 식물이 늘어나고, 호수에서는 식물성 플랑크톤이 엄청나게 늘어납니다. 그 많은 식물이나 플랑크톤이 죽어서 물 속에 가라앉아 썩으면, 산소는 줄어들고 암모니아 따위의 유독 물질이 나옵니다.

부영양화

나우만(Nauman)이라는 스웨덴의 식물학자가 처음으로 사용한 말로서, 물속의 영양 상태에 따라 빈영양화, 중영양화, 부영양화 단계로 나누었다. 보통 물빛이 파랗고 깨끗해 식물 플랑크톤이 적은 경우가 빈영양화이고, 반대로 탁하고 녹색을 띠며 플랑크톤이 아주 많은 경우를 부영양화라고 하였다.

🔍 조류 예보제

조류에 의한 여러 가지 피해를 미리 알려 적절히 대처하기 위해서 주요 상수원을 대상으로 실시하고 있다. 팔당호는 해마다 여름철에 한 차례씩 주의보가 발령되고 있고, 오염이 심한 대청호는 2001년에 대발생과 경보, 주의보가 각각 1번씩 발령된 적이 있다.

수온이 올라가는 여름철에는 남조류, 녹조류, 규조류, 면모 조류 같은 수생 식물이 크게 늘어납니다. 이때 조류의 종류에 따라 물의 색깔이 청록색, 녹색, 황갈색, 적색 등으로 변해요.

조류 중에는 독성 물질을 만들어 내는 것도 있는데, 이런 조류가 많은 물은 식수로 쓸 수 없습니다. 그래서 현재 주요 상수원인 호수를 대상으로 발생 정도에 따라 주의보, 경보, 대발생의 단계로 나누어 '조류 예보제'를 시행하고 있어요.

매년 우리 나라의 호수와 바다를 붉게 물들이며 엄청난 피해를 주는 적조 현상도, 바로 부영양화 때문에 조류가 크게 늘어나는 현상입니다. 강과 호수의 부영양화는 조류의 성장을 부추겨 수질을 크게 오염시킬 뿐만 아니라, 심하면 농업 용수나 산업 용수로도 쓸 수 없게 합니다.

눈에 보이지 않는 지하수 오염

우리가 이용하는 물은 주로 강과 호수와 같은 지표수이고, 지하수는 전체 물 이용량의 9%에 그치고 있습니다. 그런데 강이나 호수가 이미 오염되어 우리가 이용할 수 있는 물이 줄어들자, 깨끗하고 뽑아 쓰기 쉬운 지하수의 사용이 빠르게 늘고 있습니다.

우리는 흔히 지하수는 오염되지 않을 것처럼 생각하고 있으나, 인간의 환경 파괴는 이제 땅 속 깊은 곳까지 이르고 있어요. 지하수는 오히려 강물보다 더 쉽게, 그리고 다양한 원인으로 오염될 수 있답니다. 생활 하수와 농축산 폐수, 산업 폐수는 거의 강으로 흘러들지만, 알게 모르게 땅 속으로 스며들어 지하수를 오염시키는 양도 적지 않습니다.

현재 우리 나라에는 100만 곳이 넘는 우물이 있습니다. 지난 2002년에 지하수의 수질을 조사한 결과, 약 4만 곳의 지하수가 안전 기준을 넘어섰습니다.

지하수 오염의 첫째 원인은 화학 비료와 농약입니다. 1950년대부터 쓰기 시작한 화학 비료는 그 사용량이 계속 증가하여, 40년이 지난 오늘날에는 무려 20배나 많은 화학 비료가 뿌려지고 있습니다. 화학 비료에 많이 들어 있는 질소 성분은 강과 땅을 오염시키고, 끝내 지하수까지 오염시킵니다.

농약의 독성은 토양 속에서보다 지하수 속에서 훨씬 더 오래 남습니다. 제초제가 분해되는 시간을 따져 보니, 흙 속에서는 100일이지만 지하수 속에서는 거의 20년이나 되었다고 해요.

농약의 독성 물질은 생물의 세포 조직과 지방 속에 쌓이며, 먹이 사슬을 통하여 그 농도가 크게 증가하기 때문에 더욱 위험합니다. 역시 '생물 농축' 이라는 현상 때문이에요.

지하수를 오염시키는 또 하나의 원인은 땅 속에 묻은 석유 저장 탱크에서 새어나오는 석유와 유독성 화학 물질입니다. 미국 환경보호국에서 조사한 결과, 미국에서만도 약 10만 개의 석유 탱크에서 기름이 새고 있다고 합니다.

땅 속에 기름이 스며들어가는 것은 오랜 시간에 걸쳐 서서히 일어나므로 우리가 쉽게 알아내기 어렵습니다. 또 저장 탱크를

꺼내 수리하는 데에 비용이 많이 들고, 오염된 땅을 정화시키기도 아주 어려워요.

여러 가지 유독성 화학 물질도 지하 저장 탱크에서 새어나와 지하수를 오염시킵니다. 갖가지 공업 제품을 만드는 데에 폭넓게 쓰이는 화학 물질의 양은 해마다 늘고 있어요. 이러한 화학 물질은 독성이 매우 강합니다. 특히 벤젠 같은 석유 화학 물질은 아주 적은 농도로도 암을 일으킬 수 있어요.

그 밖에도 자연적으로 토양에 들어 있는 비소나 불소 같은 천연 물질이 지하수에 녹아들어 오염을 일으키기도 합니다. 그래서 아무리 청정한 지역의 지하수일지라도 반드시 수질 검사를 거친 뒤에 식수로 써야 합니다.

최근에는 지하수가 마구 개발되면서, 쓰지 않고 버려 둔 우물이 지하수를 오염시키는 또 하나의 원인이 되고 있습니다. 우물을 통해 오염 물질이 직접 흘러들면, 거대한 지하수 전체를 오염시킬 수도 있습니다. 지하수는 넓은 지역에 걸쳐 거미줄처럼 연결되어 있으니까요.

지표면의 오염 물질이 지하수에 이르기까지는 몇 달 또는 몇 년이 걸리기 때문에, 지하수의 오염은 수십 년 동안 나타나지 않을 수도 있어요. 세계 곳곳에서 30~40년 전에 시작된 지하수의 오염이 이제야 발견되고 있습니다.

바다 오염의 새로운 주범들

바다는 물의 순환에서 가장 낮은 위치에 있습니다. 지구상의 모든 물은 바다로 모여들지요. 따라서 지구상에서 발생하는 모든 오염 물질도 바다로 흘러듭니다.

특히 바닷가는 인간과 바다가 서로 만나는 곳이기 때문에, 환경 오염의 영향을 가장 많이 받을 수밖에 없습니다. 바닷가는 도시와 농촌에서 버리는 갖가지 폐수가 흘러드는 곳이고, 공기 중의 오염 물질이 비에 섞여 쏟아져 내려서 모이는 곳입니다. 또한 배들이 기름 탱크를 씻어 내는 곳이기도 하고, 땅을 넓히기 위해 습지를 밀어붙이는 곳이기도 해요.

오염 물질이 바다로 흘러드는 또 다른 통로는 공기입니다. 기체 상태의 오염 물질, *방사성 물질, *피시비(PCB) 같은 화학 물질, 산성비 등이 공기를 통해 바다로 떨어져 내려요.

이를테면 1991년에 벌어진 걸프전쟁에서 700만 배럴(석유의 용량을 나타내는 단위. 1배럴은 약 159L) 이상의 기름이 새 나왔다고 알려졌지만, 그 밖에도 이라크 군이 일부러 불을 질러 버린 400~500만 배럴의 기름 역시 검은 연기에 실려 결국은 바다로 떨어져 내렸습니다. 현재 전 세계에서 바다로 흘러드는 기름의 약 10%가 공기를 통해 실려 온다고 해요.

또한 바다를 오가는 배들이 바다 생태계를 크게 해치고 있습니다. 태평양이나 대서양 같이 큰 바다를 항해하는 배들은 화물이 적을 때에 항구에서 바닷물을 배 바닥에 잔뜩 채웁니다. 거친 파도와 바람을 헤쳐 나가려면 배의 무게 중심을 낮추어야 하기 때문이에요. 오랜 항해 끝에 외국의 항구에 도착한 배는, 실어야 할 화물이 많으면 지금까지 배 바닥에 싣고 온 바닷물을 쏟아 버려요. 이 때문에 온 세계의 바다 생태계가 크게 바뀌고

*방사성 물질 : 방사능(라듐, 우라늄, 토륨과 같은 원소의 원자핵이 쪼개지면서 방사선을 내뿜어 강력한 에너지를 내는 일)이 가능한 물질. 함부로 버려지면 환경에 큰 위협이 될 수 있다.
*피시비(PCB) : 염소와 벤젠의 화합물인 폴리염화비페닐을 말한다. 전기를 통하지 않게 하는 성질이 강하여 여러 가지 화학 제품에 널리 쓰였다. 독성이 강하고 분해가 어려우며 인체 내에 축적되는 위험 물질로 밝혀져 이미 그 제조와 사용이 모두 금지되었다.

있습니다.

한 지역의 바다 생태계는 오랫동안 안정된 먹이 사슬을 통해 유지되었습니다. 그런데 갑자기 먼 바다에서 살던 생물 종들이 끼어들면 생태계 전체에 엄청난 혼란이 일어납니다. 그런데도 오늘날 지구 곳곳에서는 날마다 3만 5천 척의 배들이 수천 종의 바다 생물을 큰 바다를 건너 이동시키고 있답니다.

배에 칠하는 페인트도 오염을 일으킵니다. 항상 물 위에 떠 있는 배의 바닥에는 따개비 같은 부착 생물이 붙어살기 때문에,

배가 항해하는 데 큰 방해가 돼요. 그래서 배에는 이런 바다 생물들이 달라붙지 못하게 하는 특수한 페인트를 칠합니다. 이 페인트의 독성이 너무 강하여 점점 바다를 오염시키고 있어요.

특히, 많은 배가 머물러 있는 항구와 연안의 피해가 아주 심합니다. 그래서 이미 선진국에서는 이 페인트를 쓰지 못하게 하고 있고, 우리 나라에서도 2002년부터 모든 선박에서 쓸 수 없게 하였습니다.

갯벌이 무너지는 '갯벌의 나라'

우리 나라는 3면이 바다로 둘러싸인 해양 국가입니다. 국토 면적의 4.5배에 이르는 바다에는 어장이 잘 발달되어 있고, 아주 다양한 생물 자원을 가지고 있어요. 그뿐만 아니라 서해안과 남해안에 펼쳐진 총 2,393km^{2}나 되는 드넓은 갯벌은 세계 5대 갯벌의 하나로 손꼽힙니다. 한 마디로 '갯벌의 나라'라고 할 수 있지요.

이미 살펴보았듯이, 갯벌은 수많은 바다 생물들의 삶터일 뿐만 아니라, 강에서 흘러나오는 오염 물질을 정화하고 홍수와 태풍의 피해도 막아 주는 중요한 곳입니다.

평균 수심이 40m 정도로, 바다치고는 얕은 편인 서해는 갯벌과 대륙붕이 잘 발달되어 있어서 '수산 자원의 보고'로 불리고 있어요. 그러나 서해는 한반도와 중국 대륙으로 둘러싸여 바닷물이 오래 머물러 있기 때문에 오염되기가 아주 쉽습니다. 게다가 한강과 황허 같은 우리 나라와 중국의 주요 강이 흘러들고 있어, 오염의 위험이 더욱 높은 곳이에요.

최근에는 중국의 산업화가 급속히 이루어지면서 엄청난 양의

_ 세계에서도 손꼽히는 서해의 강화도 갯벌. 갯벌은 다양한 바다 생물 자원을 가지고 있을 뿐 아니라 오염 물질을 정화하는 능력이 뛰어나다.

생활 하수와 산업 폐수가 양쯔 강을 따라 서해로 쏟아져 들어오고 있습니다. 게다가 중국의 계획대로 양쯔 강에 세계에서 가장 큰 싼샤 댐이 건설되면 서해의 생태계가 위협받을 것입니다. 오염 물질이 점점 많아지고 강물마저 크게 줄어든다면, 양쯔 강은 썩어갈 게 뻔한 일이니까요.

남해는 평균 수심이 101m로 얕고 서해와 같이 대륙붕이 발달되어 있을 뿐만 아니라, 섬이 아주 많고 복잡한 리아스식 해안으로 이루어져 있습니다. 그만큼 좋은 어장을 이루고 있는 반면에, 바닷물의 순환이 잘 안 되기 때문에 이곳도 역시 오염되기가 아주 쉽습니다.

게다가 부산이나 마산 같은 대도시를 끼고 있고 거제나 광양 같은 거대한 공업 단지와 수많은 양식 어장이 모여 있어서, 적조가 자주 일어나고 기름이 새 나오기도 합니다.

이와는 달리, 동해는 해안선이 단조롭고 바닷물의 유통이 활발하여 오염이 덜 되었습니다. 하지만 최근에는 항구의 확장 공사나 관광지 개발 등으로 오염이 점점 심해지고 있어요. 더욱이 고리, 월성, 울진 등지의 원자력 발전소에서 더운 물이 많이 쏟아져 나오기 때문에, 바닷물의 온도가 올라가 생태계에 나쁜 영향을 주고 있습니다.

죽음의 바다에 이르는 두 가지 길

기름에 덮인 바다

흔히 바다 오염을 이야기할 때, 우리는 해양 사고로 기름이 새 나오는 것만을 생각하기 쉽습니다. 크고 작은 기름 유출 사고가 일어나면 텔레비전이나 신문에서 앞을 다투어 보도하기 때문이에요.

물론 기름이 직접 바다로 흘러들면 바다의 오염은 불 보듯 뻔한 일이지만, 해양 사고로 일어나는 오염은 전체 오염 원인의 10% 정도일 뿐입니다. 바다를 오염시키는 대부분의 원인은 바로 육지에서 흘러드는 갖가지 오염 물질 때문입니다.

_ 유조선에서 흘러나온 기름으로 백사장이 시커멓게 변해 버렸다.

그 중에서 자동차와 중장비, 그리고 수많은 공장 등에서 나오는 기름 찌꺼기가 바다 오염 물질의 50%라고 합니다. 그 다음은 유조선이나 어선 같은 선박에서 조금씩 흘러나오는 기름으로, 바다 오염의 30% 이상을 차지하고 있답니다.

바다로 흘러든 기름은 가볍고 물에 녹지 않으므로 물 표면에 얇은 막을 만듭니다. 이 기름 막은 햇빛의 통과를 막고 공기와의 접촉을 가로막아, 물고기와 조개들은 말할 것도 없고 미역과 다시마 같은 해초들도 잘 자랄 수 없게 합니다.

특히 바닷가를 생활의 터전으로 삼고 살아가는 동물들과 바다 새들은, 몸에 기름을 뒤집어쓰고 떼죽음을 당하기도 합니다.

생물이 살 수 없게 만드는 적조

적조는 플랑크톤이 갑자기 많아지면서 물빛이 변하는 현상을 말합니다. 이때 물의 색깔은 플랑크톤의 종류에 따라 달라지는데, 우리 나라의 경우 보통 야광충, 규조류, 편모 조류가 많아서 붉게 변하곤 합니다.

적조 현상이 일어나면 물 속에 햇빛이 들어오지 않아서 수생 식물이 광합성을 잘 하지 못해 점점 산소가 부족해집니다. 더구나 적조를 일으키는 조류가 뿜어내는 독성 물질 때문에 다른 수중 생물이 질식하기도 합니다.

수많은 동식물과 플랑크톤이 죽으면, 이들이 썩어서 분해될 때에 산소를 소비하고 독성 물질을 뿜어내므로 물고기와 조개류가 떼죽음을 당하게 됩니다. 적조가 발생한 바다에서 잡은 물고기나 조개류를 먹으면, 사람 몸에도 그 독성 물질이 쌓여 중독을 일으킬 수 있어요.

적조 현상은 바닷물이 잘 들고나지 못하는 곳에서, 플랑크톤의 성장과 번식에 필요한 영양 물질이 풍부할 때에 일어납니다. 이를테면 산업 폐수와 농축산 폐수로 오염된 강물이나 도시의 생활 하수가 바다로 흘러들어 적조 현상을 일으킨다는 거지요.

항구 도시와 양식 어장이 발달한 곳은 적조가 발생하기 좋은 바다입니다. 갖가지 영양 물질이 많은 만큼 플랑크톤이 많기 때문이에요. 우리 나라 남해안에서 적조 피해가 가장 큰 것도 바로 이 때문입니다.

과학적인 조사가 이루어진 뒤로, 1967년에 남해안에서 처음으로 적조 현상이 발견되었습니다. 그 뒤로는 진해만과 사천만, 그리고 울산 앞바다 같은 곳에서 해마다 적조가 일어나고 있습니다.

1981년에는 낙동강 하구에서 시작된 적조가 부산 앞바다와 진해만 전체를 뒤덮고, 다시 거제와 통영 일대까지 번져 수많은 양식 어장의 물고기와 조개류가 떼죽음을 당했어요.

_적조로 뒤덮인 바다. 어민들이 적조를 차단하기 위해 양식장 일대에 황토를 뿌리고 있다.

특히 1995년과 2000년에는 경남 통영 일대에서 발생한 적조가 남해안 전체는 물론 포항 같은 동해 남부까지 퍼져 엄청난 피해를 입히기도 했습니다. 그 뒤에도 남해안 대부분의 바다에서 해마다 적조 현상이 끊이지 않고 있답니다.

세계를 놀라게 한
환경 재난

물 없이는 어떤 생명체도 살아갈 수 없습니다.
그러므로 물을 더럽히는 일은 생명을 죽이는 죄악이에요.
그 죄에 대한 벌은 마침내 사람이 받게 됩니다.
물을 오염시킨 죄로 곳곳에서 사람들이 죽어가고 있습니다.

죽음을 부르는 중금속 오염

일본의 규슈 지방에 있는 미나마타 시는 '바다의 정원'이라고 불릴 만큼 아름다운 항구였습니다. 그런데 1953년 무렵부터 죽음의 도시가 되기 시작했어요. 무려 1만 명에 이르는 사람들이 원인을 알 수 없는 질병을 앓게 된 것입니다.

병에 걸린 사람들은 처음에는 감기 몸살로 여겼고, 어지럼증과 두통을 느꼈습니다. 그러다가 온몸이 마비되고 격렬한 통증을 겪으며 죽어 갔어요. 그렇게 많은 사람들이 죽어 가는데도 병의 원인조차 밝혀내지 못했습니다. 그 병은 세계적으로도 알려진 적이 없는 희한한 병이었으니까요.

그 병의 원인은 1959년에 와서야 밝혀졌습니다. 이 병의 증상인 *중추신경계 장애는 바로 *수은 중독 때문이었어요. 세계 최초로 발생한 이 병의 이름은 이 도시의 이름을 따서 '미나마타 병'으로 정했습니다.

또한 중금속인 수은이 어디서 나왔는지도 알아냈습니다. 미나마타 만을 오염시킨 수은은 바닷가에 있는 한 질소 비료 공장에서 내버린 폐수에 들어 있던 것이었어요.

비료 공장에서 흘러나온 폐수에는 중금속인 수은이 들어 있었고, 먼저 물고기와 조개류를 오염시켰습니다. 당시의 미나마타 만 바닷물에는 수은이 겨우 0.0006ppm으로 아주 적게 들어 있었어요.

그러나 이곳의 물고기들은 여러 단계의 먹이 사슬을 거치면서 오염된 바닷물보다 무려 8만 배가 넘는 수은이 농축되어 있었습니다. 그렇게 오염된 물고기를 사람들이 오랫동안 먹어 왔으니, 수은 중독은 피할 수 없는 일이었지요.

지금까지 미나마타 병으로 밝혀진 환자는 1,000명이 넘고,

*중추신경계 : 뇌와 척수처럼 신체 각 부분의 기능을 지휘 통솔하고, 몸 안팎의 모든 자극을 전달하는 신경계의 중심부를 말한다.
*수은 : 자연 상태에서 유일하게 액체 상태로 있는 은백색의 금속. 강한 독성이 있어 생명체에 매우 해롭다.

사망자는 430명에 이른다고 합니다. 더욱이 중금속에 중독이 되면 유전자에 이상을 일으키기 때문에, 자신에게 병이 발생하지 않더라도 후손에게서 증상이 나타날 수 있습니다. 정말 무서운 병이 아닐 수 없어요.

  이번에는 강으로 흘러든 공장 폐수 때문에 일어난 사건입니다. 1910년, 일본 후지야마 현의 어느 아연 광산에서 흘러나온 폐수가 진쓰 강을 오염시켰습니다.

이런 사실을 모르는 강 근처의 주민들은 오랫동안 진쓰 강에서 오염된 물고기를 잡아먹었습니다. 또 이 강물을 끌어다가 농사를 지었으므로, 곡식을 통해서도 사람들의 몸에 오염 물질이 쌓여 갔어요. 심지어는 이 강물을 마실 물로 쓰는 사람들도 있었답니다.

세월이 흐르면서 허리와 관절에 심한 통증을 느끼는 사람들이 점점 늘어났습니다. 이곳에서 오래 살아온 사람일수록 증상이 심하여, 기침만 해도 뼈가 부러질 정도로 뼈가 약해졌어요. 또 뼈가 줄어들어서 어떤 사람은 키가 20cm나 작아지기도 하였어요.

특히 뼈가 연결되는 부분인 관절이 무척 아파서, 병이 깊은 사람은 엄청난 통증을 겪다가 죽어 갔습니다. 이 때문에 병 이름도 일본말로 '아프다 아프다' 라는 뜻의 '이타이이타이' 병이라고 정해졌어요.

이 병은 수십 년 동안이나 그 발생 원인을 찾지 못하다가, 1968년에야 비로소 카드뮴 중독이라는 사실을 알아냈습니다. 카드뮴은 전기 도금이나 염색, 그리고 합금에 많이 이용되는 중금속이에요. 이미 이타이이타이 병에 걸린 사람은 수백 명에 이르렀고, 이 중에서 100명 이상이 죽었습니다.

푸른 몸의 아기들이 태어나다

1950년대 초부터 동부 유럽의 체코와 헝가리 등지에서는 수백 명의 아기들이 몸에 푸른색을 띠고 태어나는 일이 벌어졌습니다. 무슨 병에 걸린 게 분명해 보였지요.

사람들은 이것을 '푸른 아기'라는 뜻으로 '블루베이비' 병이라 불렀고, '청색병'이라고도 했습니다.

이 병이 계속해서 발생하자 각국 정부에서 조사한 결과, 식수에 질산 성분이 많이 들어 있다는 사실을 알아냈습니다.

식수를 통해 몸에 들어온 질산은 핏속의 헤모글로빈과 결합하여 산소의 운반을 방해합니다. 이렇게 산소가 신체의 각 부분

으로 전달되지 못하면, 손발의 끝 부분과 얼굴이 파랗게 보이는 '치아노제'라는 증상이 나타나요.

더구나 엄마의 혈액을 통해서 산소를 공급받는 태아는 매우 적은 양의 질산에도 이 병에 걸릴 수 있습니다. 이 블루베이비 병에 걸리면 성장 발육이 더디고, 심한 빈혈에 시달리다가 결국 죽음에 이르게 됩니다.

이 병은 체코 같은 동부 유럽뿐만 아니라 세계 여러 나라에서도 발생되는 대표적인 식수 오염 피해입니다.

블루베이비 병을 일으키는 질산은 가축과 사람의 똥오줌, 화학 비료 따위에 많이 들어 있습니다. 그래서 도시보다는 지하수를 식수로 이용하는 농촌에서 자주 발생합니다.

  최근에는 우리 나라에서도 이 병이 발생된 적이 있는데, 역시 식수로 쓰는 지하수가 질산에 오염된 것이 그 원인이었습니다. 식수에 들어 있는 질산 성분은 아무리 끓여도 없어지지 않기 때문에 더욱 위험합니다.

거대한 댐이 불러온 재앙

1960년, 이탈리아의 베이온트에 높이가 265m나 되는 거대한 댐이 세워졌습니다. 그런데 이 댐은 물에 녹기 쉬운 석회암과 퇴적암 지대에 건설되어 이러쿵저러쿵 말이 많았어요. 아니나 다를까 얼마 지나지 않아 댐 안쪽에서 산사태가 일어났습니다.

그로부터 3년 뒤인 1963년 늦여름에, 엄청난 폭우가 며칠 동안이나 내려 베이온트 댐에 물이 가득 찼습니다. 댐에 위험 수위까지 물이 찬 9월 말 무렵에는, 댐 주변의 짐승들이 모조리 도망을 가는 묘한 일이 벌어졌습니다. 사람들만이 태평스레 집을 지키고 있었지요.

　그러나 무서운 재앙은 사람들의 코앞에 다가오고 있었습니다. 마침내 10월 초에 댐 안 곳곳에서 산이 무너져 내리는 20세기 최악의 댐 사고가 일어나고야 말았으니까요.

　산사태로 엄청난 양의 흙과 바위가 물 속으로 쏟아져 내리자, 댐에 가득 찬 물이 한꺼번에 밖으로 넘쳐흘렀습니다. 댐 아래의 마을은 모두 갑자기 들이닥친 물에 잠겨 버렸어요.

　이 사고로 무려 2,600명의 주민들이 목숨을 잃고 말았습니다. 이 사고는 댐이 무너지지 않고도 얼마나 큰 재앙을 불러올 수 있는지 말해 주고 있습니다.

지금도 세계 곳곳에서 수많은 댐이 건설되고 있어요. 그 가운데 200여 개의 대규모 댐이 무너지는 재앙을 겪었습니다.

1979년에 인도의 마추 댐이 터져 2,000여 명이 사망하였고, 1989년에는 미국의 사우스포크 댐 사고로 2,200여 명이 목숨을 잃었습니다. 우리 나라에서는 1961년에 전북 남원의 효기 댐이 붕괴되어 129명의 사망자를 낸 일이 있습니다.

무책임이 빚어낸 무서운 결과

"내, 내 손이 왜 떨리지? 감각도 없어지고 말야."
"얼른, 이리들 와 봐! 스미스 부인이 쓰러졌다!"

1975년, 미국 버지니아 주 호프웰 시의 한 살충제 공장에서 이상한 일이 벌어졌어요. 이 공장 사람들이 머리가 아프고 손발이 떨리는 등 예사롭지 않은 증세를 나타낸 거예요. 이뿐만이 아니에요. 나중에는 많은 직원들이 여러 가지 속병에 시달렸고, 여자 직원들은 아기를 갖지도 못했어요.

보건소에서 나와 조사해 보니, 이 공장에서 만드는 키폰이라는 유독한 살충제가 그 원인으로 밝혀졌어요. 결국 회사는 직원들에게 보상금을 주고 문을 닫아야 했어요. 환경 보호청은 이 공장을 폐쇄시킨 후 남은 농약도 판매를 금지시켰어요.

그런데 진짜 비극은 그 다음부터였답니다.

"에이, 팔아먹지도 못하는 살충제이니 모조리 내버리자!"

화가 난 회사 사장은 남아 있던 살충제를 모두 하수구에 버리고 말았습니다. 그러자 이 독성 물질이 이내 제임스 강으로 흘러 들어가 미국 최대의 수질 오염 사건이 일어났어요.

제임스 강은 대서양의 체사피크 만으로 흘러가는 아름다운

강으로, 주민들의 상수원이면서 휴양지로 널리 알려진 곳이었습니다. 체사피크 만은 해안이 굴곡이 많고 수많은 작은 섬들이 어우러진 멋진 곳으로, 특히 미국인들이 즐겨 먹는 굴의 주요 생산지이기도 했지요.

160km에 이르는 제임스 강이 독성이 강한 농약에 오염되자 물고기들은 떼죽음을 당했고, 사람들은 더 이상 체사피크 만의 굴도 먹을 수 없게 되었어요. 이 사건으로 제임스 강은 아예 죽음의 강으로 변해 버렸답니다.

제임스 강을 정화하는 일은 지금까지도 계속되고 있으나, 분해가 잘 안 되는 키폰의 독성 물질이 아직도 강바닥에 쌓여 있습니다. 과학자들의 말에 따르면, 제임스 강이 예전처럼 맑고 깨끗해지기까지는 앞으로도 200년이 더 흘러야 한답니다.

오염을 막을 길 없는 화학 물질

라인 강은 스위스의 알프스 산에서 시작하여 오스트리아, 프랑스, 독일의 국경 지역을 거쳐서, 서부 독일과 네덜란드를 가로지르며 북해로 흘러드는 큰 강입니다.

서부 유럽의 산업은 수자원이 풍부한 라인 강을 중심으로 발전하였습니다. 라인 강 부근에는 각 나라의 수많은 공장들이 몰려 있어요. 그래서 일찍부터 라인 강에서는 이런저런 오염 사고가 끊이지 않고 일어났습니다.

라인 강 최대의 오염 사고는 1986년에 상류 유역인 스위스 바젤에서 일어났습니다. 한 화학 회사의 원료 저장 창고에 불이

났는데, 1,300톤에 이르는 수십 가지의 화학 물질이 소방차에서 쏘아 댄 물에 섞여 라인 강으로 흘러들었어요. 이 화학 물질은 독성이 매우 강하여 라인 강은 하루아침에 '죽음의 강'이 되고 말았습니다.

곧바로 라인 강의 조개류와 물고기들이 떼죽음을 당했고, 무려 400km 아래 지역까지 죽은 물고기로 뒤덮이고 말았어요. 그런데 라인 강 하류에 있는 프랑스와 독일은 사고가 터진지 모르고 오염된 물을 계속 사용하다가 큰 피해를 입고 말았습니다.

스위스 정부가 사고 소식을 곧바로 발표하지도 않았고, 또 적절한 대처가 없었기 때문입니다. 결국 스위스는 여러 나라에 피해 보상을 하느라고 엄청난 경제적 손실을 입었고, 세계 사람들에게 손가락질을 받게 되었어요.

산업이 발달할수록 여러 가지 독성 물질을 사용하는 일이 크게 늘어납니다. 그래서 독성이 강한 화학 물질을 더욱 엄격히 관리해야 합니다. 위험물을 만들고 운반하며 사용하는 과정은 물론이고, 그 뒤처리까지 꼼꼼히 살펴야만 해요.

아무튼 크나큰 환경 재난을 일으켰던 스위스는, 이 사건을 계기로 환경 문제에 큰 관심과 노력을 기울이게 되었습니다. 바젤은 이제 아름다운 '환경 도시'로 탈바꿈해 있어요.

한편 1989년에는 유해 쓰레기의 국제적 거래를 금지하는 '유해 폐기물의 나라간 이동을 규제하는 협약이 이곳에서 맺어졌는데, 이것이 바로 '바젤 협약'입니다.

전쟁보다 더 끔찍한 환경 재난

1990년 8월에 이라크가 갑자기 쿠웨이트를 침공하였습니다. 그러자 그 이듬해 1월부터 약 40일 동안 미국을 중심으로 한 다국적군과 이라크 군 사이에 전쟁이 시작되었는데, 이 전쟁이 바로 '걸프전쟁' 입니다.

막강한 다국적군이 쿠웨이트를 되찾으려고 공격을 퍼붓자, 힘이 달리던 이라크는 페르시아 만에 있는 쿠웨이트의 유전을 폭격해 버렸어요. 이 때문에 무려 100만 톤이 넘는 원유가 페르시아 만으로 쏟아져 들어갔습니다.

가장 끔찍한 유조선 사고였던 아모코카디즈 사건 때에 22만

톤의 원유가 유출된 것에 비하면 정말 엄청난 양이었습니다.

사실 이라크는 중동 지역의 석유에 눈독을 들이는 미국을 위협하기 위해 일부러 유전을 폭파시킨 것입니다. 하지만 이라크는 미국의 전투기가 잘못 폭격하여 일어난 일이라고 반박하였습니다.

페르시아 만은 좁고 긴 바다라서 바닷물의 드나듦이 적기 때문에, 바다 오염의 피해는 너무나 컸습니다. 전쟁 통에 순식간에 벌어진 일이라 세계 사람들은 기름이 온 바다를 뒤덮는 비극을 그저 바라볼 수밖에 없었어요.

이라크 군대가 물러가고 전쟁이 끝났을 때에는 이미 해안과 바다가 온통 기름덩이로 덮이고 말았습니다. 이 죽음의 바다에 수많은 바다 동물과 물고기들의 주검이 둥둥 떠다녔지요. 사우디아라비아, 바레인, 카타르, 아랍에미리트 같은 나라는 페르시아 만의 바닷물을 민물로 만들어 이용해 왔는데, 이 사고 때문에 마실 물조차 구하지 못해 큰 고통을 겪어야 했습니다.

이 전쟁은 또 페르시아 만에 기름을 유출시킨 것 말고도, 쿠웨이트 유전의 80% 이상이 폭파되거나 불길에 휩싸여 심각한 토양 오염과 공기 오염을 일으켰습니다. 불타는 유전에서 나오는 엄청난 매연으로 인한 피해는 주변 국가들에까지 미쳤습니다. 불타는 유전의 불길을 잡는 데에만도 2년이나 걸렸답니다.

걸프전쟁은 환경 재난이 사람의 실수가 아니라 의도적인 전쟁의 수단으로도 일어날 수 있다는 점에서 큰 교훈을 주었습니다. 물론, 전쟁 그 자체만도 무서운 재난이지만 말이에요.

환경 살리기, 세계가 나서고 있다

이미 혹독한 환경 재난을 겪었던 나라,
그래서 일찍이 환경 보호에 앞장섰던 나라,
'환경 선진국'들의 사례와 교훈을 살펴봅시다.
앞으로 우리는 무엇을 어떻게 해야 할까요?

템스 강 살리기 100년

영국은 산업 혁명이 처음 시작된 곳으로, 1800년대부터 석탄과 철강, 그리고 방직 공업이 크게 발달했습니다. 산업 혁명의 중심인 템스 강 유역에는 수많은 공장과 주택이 자리를 잡았어요. 그러니 템스 강의 오염은 불을 보듯 뻔한 일이었어요. 더구나 '환경 보호'라는 말은 들어 본 일조차 없던 시절이니까요.

공장에서 나오는 시커먼 매연과 폐수, 도시에서 쏟아내는 온갖 생활 하수가 그대로 강으로 흘러들었습니다. 얼마 지나지 않아서 템스 강은 썩어 버렸고, 그 많던 연어도 사라졌어요. 1849년에는 오염된 강물을 식수로 쓰던 런던에서 콜레라가 발생하여, 수천 명이 떼죽음을 당하는 일까지 벌어졌습니다.

템스 강을 살려야 한다고 나서는 사람들이 있기는 했지만, 그 때마다 경제 성장을 부르짖는 많은 사람들 때문에 흐지부지되기 일쑤였습니다. 1876년에는 세계 처음으로 하천 오염 방지법을 만들기도 하였으나, 별 효과를 거두지 못했어요.

1900년 무렵부터는 전기와 석유의 등장으로 중화학 공업이 크게 발달하면서, 템스 강은 점점 시궁창 꼴로 변해 갔습니다. 사람들은 돈벌이에만 눈이 멀어 썩어 버린 템스 강은 보이지도 않았습니다. 1949년에는 내리 5년 동안 콜레라가 발생하여 무려 2만여 명이 목숨을 잃었는데도 말이지요.

경제가 발전할수록 도시에는 더 많은 사람들이 몰려들었고, 1957년 무렵의 템스 강은 물고기 한 마리 살지 않는 죽음의 강이 되어 있었습니다. 템스 강변에 웅장한 모습으로 서 있는 국회의사당은, 강물에서 나는 악취 때문에 창문도 열지 못할 정도였답니다.

한편 1952년 겨울에는 심한 공기 오염 때문에 '런던 스모그 사건'이 발생하여, 1만 2천 명의 시민이 죽는 참혹한 일을 겪기도 하였습니다. 세계 일등 국가의 모습치고는 참으로 한심한 것이었지요. 환경 재난으로 죽어 가는 수많은 사람들을 보고서야, 마침내 살아남은 사람들은 정신을 차리게 되었어요.

영국 정부는 1960년대부터 템스 강을 살리기 위해 여러 가지 강력한 정책을 시행했습니다. 강으로 흘러드는 오염 물질을 철저히 막기 위해서 곳곳에 하수 처리장을 설치했지요. 또 국민들도 오염 물질을 줄이는 일에 발 벗고 나섰습니다. 1970년에는 세계에서 처음으로 환경 문제만을 담당하는 환경부를 설치하기도 했습니다.

이런 노력으로, 1974년부터는 템스 강에 서서히 변화가 생기기 시작했습니다. 수질이 좋아지면서 물고기들도 다시 나타났어요. 수많은 시민들이 강가로 나와 돌아온 물고기를 환영했습니다. 맑고 깨끗해진 템스 강에는 지금 200여 종이나 되는 물고기가 살고 있습니다.

'템스 강 오염 사건'은 세계 사람들에게 최초로 수질 오염의 심각성을 깨닫게 하였지만, '템스 강 살리기 운동'은 지금까지도 세계 여러 나라에 모범이 되고 있어요.

세계 최초의 갯벌 국립공원

　서유럽의 북해 가운데 동남부 바다를 '바덴 해'라고 부릅니다. 이 얕은 바다는 여러 나라와 접해 있는데, 이 가운데 덴마크, 독일, 네덜란드 세 나라의 바닷가에는 세계 최대의 갯벌이 자리 잡고 있습니다. 정확히 말해서, 네덜란드의 덴홀더 지역에서 덴마크의 에스비에르 지역에 이르기까지 드넓은 갯벌이 펼쳐져 있어요.

　이곳은 수심이 낮고 영양 물질이 풍부하여 수많은 해조류와 어패류의 중요한 *서식지로 유명합니다. 또한 물의 온도와 소금의 농도, 파도와 *조수의 정도가 다양하여 아주 독특하고 건강한 생태계를 이루고 있습니다. 더욱이 갖가지 조류, 바다 동물 등 희귀 생물종이 살고 있으며, 철새들의 도래지로서 중요한 위치를 차지하고 있어요.

그래서 그 보존 가치를 인정하여 람사 협약에서 '국제적인 중요성을 가진 습지'로 지정하였고, 또 유럽연합(EU) 조류 본부에 의해 '특별 보호 지역'으로 지정되었습니다. 게다가 1993년에는 유네스코(UNESCO)에서 이 갯벌 지역을 '세계 자연 유산'으로 정하였습니다.

그뿐만이 아니에요. 독일 정부는 1990년부터 바덴 해 전 지역의 갯벌을 아예 국립공원으로 지정해 특별히 보호하고 있습니다. 독일은 네덜란드와 함께 유럽 대륙의 갯벌 가운데 90%를 차지하고 있는 '갯벌의 나라'랍니다.

독일, 네덜란드, 덴마크 세 나라는 여러 차례 회의를 하여, 바덴 해의 갯벌을 함께 보호하기로 뜻을 모았습니다. 한 나라, 한 지역의 노력만으로는 바다를 온전히 지킬 수 없기 때문입니다. 그래서 철저한 연구와 조사를 거쳐서, 갯벌을 해안에서 떨어진 거리나 보존의 가치 등에 따라 3단계로 나누어 보호하고 있어요.

*서식지 : 동물이 보금자리를 만들어 사는 곳.
*조수 : 밀물과 썰물.

● 북해의 갯벌

독일은 바덴 해 전 지역의 갯벌을 국립공원으로 지정해 보호하고 있다.

▬▬■ 북해의 갯벌

　1단계 보호 지역은 조류의 생장과 번식, 휴식과 이동 경로 등 갯벌 생태계의 가장 중요한 역할을 하는 지역입니다. 이곳은 관광객이 드나들지 못하게 하였으며, 학술적인 연구나 어부들의 채취 활동을 위해 출입할 경우라도 반드시 허가를 받아야 할 만큼 엄격히 보호되고 있습니다. 바덴 해 총 면적의 54%가 이렇게 까다로운 보호 지역에 속해 있습니다.

2단계 보호 지역은 '전이 지역'이라고 하는데, 1단계 보호 지역의 주변을 말합니다. 총 면적의 45%가 전이 지역입니다. 이곳은 관광객에게 지정된 통로로만 드나들도록 하고 있으며, 배가 들고나는 곳도 엄격히 지정하고 있습니다.

그 나머지 1%가 비로소 휴양 지대인 제 3구역입니다. 여기는 누구나 쉬고 갈 수 있도록 갖가지 편의 시설과 숙박 시설이 마련되어 있습니다. 그러나 모두 규모가 작고 친환경적으로 만들어진 휴양지입니다. 각 나라는 공평하게 휴양 지역을 바덴 해전 지역에 걸쳐서 고르게 세웠습니다. 그리고 갯벌 국립공원의 관광 수입은 이곳이 보호 지역으로 묶여 피해를 입는 지역 주민을 위해 쓰입니다.

이처럼 독일과 네덜란드와 덴마크 국민들은 일찍이 갯벌의 쓸모를 알아내고, 그 철저한 보존과 최소한의 개발을 통하여 최대의 이익을 얻고 있는 것입니다.

연어가 돌아온 도요히라 강

일본 홋카이도의 삿포로 시내에는 도요히라 강이 흐르고 있습니다. 매우 아름답고 깨끗하던 이 강은, 일본이 근대화의 길로 접어들면서 순식간에 죽음의 강으로 변해 버렸습니다.

이전에는 연어를 비롯한 많은 물고기들이 살았으나, 언제부터인가 물고기는커녕 악취 때문에 강가에만 가도 머리가 지끈거릴 지경이었어요.

삿포로 시민들은 견디다 못해 스스로 환경 단체를 만들었습니다. 단체 이름은 '연어 모임'이었습니다. 연어가 많이 살던 강이므로 다시 연어가 살 수 있는 강으로 살려 보자는 뜻이었지요.

그들은 날마다 거리로 나와 시위를 벌였습니다. 또한 방송국과 신문사에 연락하여 자기들의 뜻을 알렸습니다.

그들의 활동이 널리 알려지자, 우선 삿포로 지역에 사는 어머니들이 제일 먼저 참여했어요. 어머니들은 당장 집에서 쓰는 세제를 환경 오염이 적은 세제로 바꾸었습니다. 음식물 쓰레기와 생활 하수를 줄이려고 노력했고, 집 근처 공장에 찾아가 폐수 정화 시설을 갖추도록 설득하였습니다.

어린이들도 강가에 나가 스스로 쓰레기를 치우기도 했습니다. 어린이들까지 환경 운동에 참여하자, 이내 삿포로 시민 전체가 이 모임을 돕기 시작했습니다.

처음에는 시큰둥하던 공장 경영자들도 나중에는 하나둘 참여하여 스스로 정화 시설을 가동했고, 이러한 흐름은 주변 공장으로 점점 번져 갔어요. 그 바람에 몇 년이 지나지 않아 도요히라 강은 눈에 띄게 깨끗해졌습니다.

마침내 1979년 3월 어느 날, 도요히라 강에 연어 새끼 100만 마리가 풀렸습니다. 연어는 자기가 살던 곳으로 돌아와 알을 낳는 성질이 있으므로, 풀어놓은 연어는 일단 바다로 갔다가 다시 강으로 돌아오겠지요.

그러던 1981년 10월 어느 날, 연어 모임 회원들은 무언가 강 하류에서 쏜살같이 올라오고 있는 것을 보았습니다. 강은 마치 파도치는 듯 출렁거리며 흔들렸어요. 햇빛에 수많은 고기의 비늘이 은빛으로 빛나고 있었습니다. 드디어 연어 떼가 돌아온 거예요!

회원들은 서로 얼싸안았습니다. 시민들도 가던 길을 멈추고 모두 강으로 달려왔어요. 어떤 이는 마치 전쟁에서 승리라도 한 듯 만세를 불렀고, 어떤 이는 눈물을 글썽이기도 했습니다. 죽은 강이 살아나 다시 물고기가 펄떡이는 장면은 그야말로 큰 감동이었답니다.

꿈같은 생태 도시 쿠리티바

오늘날 대도시의 골칫거리 가운데 대부분은 갖가지 환경 오염이 차지하고 있습니다. 수많은 사람들이 한데 모여 살기 때문에 결코 피할 수 없는 일이지요. 엄청난 양의 식수를 공급하는 일, 넘치는 자동차로 꽉 막힌 교통 혼잡, 수많은 공장과 빌딩의 배출 가스 문제, 주체할 수 없는 쓰레기 등등 어느 것 하나도 쉽게 해결할 수 없습니다.

그럼, 살기 좋은 도시란 어떤 모습일까요? 숲으로 둘러싸인 상쾌한 도시, 승용차가 필요 없을 만큼 잘 짜인 대중 교통망, 쓰레기가 모조리 재활용되고 빈민촌마저 아름다운 도시, 수많은 도서관과 공연장을 갖춘 문화의 도시! 과연 이런 꿈같은 도시가 있을까요?

있습니다. 정말 그런 도시가 있다니까요. 바로 '쿠리티바' 입니다.

쿠리티바는 브라질 남동부에 있는 파라나 주의 중심 도시로, 인구가 170만 명이나 되는 큰 도시입니다.

물론, 쿠리티바도 처음에는 여느 도시처럼 심각한 환경 문제로 몸살을 앓았습니다. 1950년대부터 빠르게 일어난 인구 증가와 산업화 때문에, 마실 물이 부족하고 교통은 마비되었으며 범죄가 잦아졌습니다.

이런 쿠리티바가 새로워지기 시작한 것은, 순전히 한 사람의 '환경 영웅' 과 수많은 '환경 시민' 덕분입니다. 시민 운동가였던 자이메 레르네르는 1971년에 쿠리티바 시장이 되자마자, 가장 먼저 '낭비와의 전쟁' 을 선포했습니다.

그 가운데 하나가 쓰레기 분리 수거 운동입니다. 시 곳곳에 넘쳐나는 쓰레기를 철저히 재활용시켰는데, 그 많은 쓰레기의 분리 작업은 일자리가 없는 가난한 사람들에게 맡겼습니다. 그리고 쓰레기를 가져오면 음식물과 바꾸어 주는 '쓰레기 구매 프로그램' 을 운영하였답니다.

그러자 쓰레기를 실으러 오는 녹색 트럭에는 사람들이 구름

_ 꿈의 생태 도시라 불리는 브라질의 쿠리티바 시. 자원을 절약하며 환경을 보호하는 도시로 유명하다.

처럼 모여들었고, 거리에 넘쳐나던 쓰레기는 어느새 사라지고 있었습니다. 자원을 절약하면서 환경까지 보호하는 일에 시민 모두를 끌어들인 거예요.

또한 낡은 건물을 고쳐서 멋진 방송국이나 공연장으로 바꾸고, 버려진 버스를 고쳐서 무료 어린이 탁아소나 이동식 교실로 썼습니다. 한마디로 도시 전체가 재활용을 통해 완전히 탈바꿈했다고 할 정도입니다.

그러나 더욱 놀라운 것은, 지구상에서 가장 완벽한 대중 교통망을 갖추었다는 것입니다. 시민들이 자가용이 아닌 버스를 타게 하려고 아주 독특한 통합 교통망 체계를 만들었던 것입니다.

도시를 동서남북으로 가로지르는 수많은 버스 전용차선과 골목길이 전체 도시 면적의 65%나 차지할 정도로 교통망이 잘 짜여졌습니다. 이처럼 거미줄 같은 도로를 운행하는 버스 노선이 무려 400개에 이른다고 합니다.

쿠리티바의 버스는 '땅 위의 지하철'이라고 불리는 이중 굴절 버스입니다. 이 버스는 많게는 270명이나 태울 수 있습니다. 누구나 쉽게 타고 내릴 수 있는 원통형 정류장은 보기에도 아주 좋습니다. 그리고 버스 요금을 한 번만 내면 몇 번이든 바꿔 탈 수 있도록 하였습니다.

게다가 멀리 8개의 위성 도시에 사는 주민들을 위해, 외곽 지역에 대형 터미널을 만들어 급행 버스를 이용할 수 있게 하였습니다. 현재 쿠리티바 시 교통량의 약 75%를 버스가 맡고 있다니 놀라울 뿐입니다.

자동차보다 더 안전한 교통 수단은 말할 것도 없이 자전거입니다. 쿠리티바의 모든 도로에는 '꽃의 거리'라고 불리는 자전거 전용 도로가 설치되어 있으며, 시민들이 걸어다니는 데에 아무 불편이 없게 보행자 도로 또한 잘 만들어져 있습니다. 그래서 쿠리티바를 '보행자의 천국'이라고도 하지요.

또 하나의 운동은 도시 곳곳에 나무를 심는 일이었습니다. 언제 어디서나 나무 심기 운동은 여러 가지 문제를 한꺼번에 해결하는 놀라운 효과를 거두지요.

도시가 숲으로 덮이자, 시민들은 깨끗한 물과 공기를 얻을 수 있었습니다. 그리고 곳곳에 공원과 식물원이 들어서서 사람들은 어디에서든 푸르른 자연을 즐길 수 있게 되었어요.

이밖에도 투명하고 합리적인 도시 행정, 빈부의 격차를 줄이는 경제 정책 등 자랑거리가 끝이 없는 쿠리티바 시는 오늘도 환경 사랑을 하나하나 실천에 옮기고 있답니다.

지금 당장,
모두가 나서야 할 일

점점 나빠지고 있는 지구의 환경. 과학 기술이 발전하고
경제가 성장한다고 해서 환경 오염 문제를 해결할 수 있는 것은 결코 아닙니다.
소중한 물을 지키고 환경 오염을 줄이는 것은 바로 우리가 해야 할 일이며,
지금 당장 시작해야 할 일입니다.

윗물이 맑아야 아랫물이 맑다

자연 상태에 가까운 물은 우리가 흔히 '1급수'라고 하는 맑고 깨끗한 물입니다. 물 위에 떠다니는 찌꺼기가 거의 없고, 거품과 악취가 없는 무색의 물을 말합니다.

이 자연수에는 생물이 살 만한 산소가 녹아 있고, 여러 가지 무기질이 알맞게 들어 있습니다. 물론, 식물과 동물 그리고 미생물이 생태계를 유지할 수 있을 정도의 영양 물질도 들어 있어요.

이러한 자연 상태의 물은 날이 갈수록 찾아보기 어렵습니다. 자연 상태의 물에서도 오염은 일어나요. 예컨대 나뭇잎이나 동물의 주검이 물 속에 흘러들어 썩으면 당연히 오염될 수 있지요. 하지만 앞서 이야기했듯이 물은 스스로 깨끗해지는 자정 능력이 있어서, 적은 양의 자연적인 오염은 수질에 영향을 끼치지 않고 이내 회복됩니다.

수질 오염은 물 속에 흘러드는 영양 물질이 너무 많을 때 일어납니다. 앞에서도 살펴보았지만, 그 영양 물질은 생활 하수나 여러 가지 폐수에 들어 있는 질소나 인 같은 물질을 가리킵니다. 독성이 강한 화학 물질이나 중금속은 말할 것도 없고요.

물의 오염 등급에 따른 특징과 생물

등급	수질 기준(BOD)	특징	지표 생물
1급수	1ppm 이하	가장 맑고 깨끗한 물. 냄새가 나지 않으며, 간단한 정수 처리 후 그냥 마실 수 있다.	버들치, 버들개, 가재, 어름치, 갈겨니, 열목어, 금강모치, 산골플라나리아
2급수	3ppm 이하	맑고 냄새가 나지 않은 물로, 마시지는 못하고 수영이나 목욕을 할 수 있다.	피라미, 쏘가리, 은어, 다슬기, 날도래유충
3급수	6ppm 이하	황갈색의 탁한 물로 흙과 모래와 자갈이 섞여 있다.	붕어, 잉어, 메기, 우렁이, 뱀장어, 미꾸라지, 거머리
4급수	6ppm 이상	심하게 오염된 물이라 물고기가 살 수 없다.	실지렁이, 나방, 애벌레

*BOD(생물화학적 산소 요구량) : 물 속에 유기 물질이 얼마나 많이 있는지를 알려주는 수치이다.

우리가 마시는 물은 대부분 강이나 호수의 물을 정화 처리한 것입니다. 따라서 상수원인 강과 호수의 수질에 의해 먹는 물의 수질이 결정됩니다. 우리 나라의 주요 상수원은 거의 2급수 이하로서 수질이 떨어지고 있습니다.

21세기에 우리에게 가장 중요한 문제는 깨끗한 식수를 가질 수 있느냐 하는 것입니다. 그래서 식수로 쓰이는 상수원이 오염되지 않도록 보호하는 노력이 무엇보다 중요합니다. 수질 오염이 온 국민의 관심을 불러일으킨 것도 바로 상수원의 오염에서 비롯되었어요.

그 중의 한 예가 바로 1991년에 온 나라를 떠들썩하게 한 '낙동강 페놀 오염 사고'입니다. 낙동강은 대구와 부산을 비롯한 영남 지역의 주요 상수원이에요.

오염 사고가 일어나자, 정부는 부랴부랴 이런저런 대책을 내놓았습니다. 그러나 3년 뒤에 또다시 낙동강이 유독 물질에 오염되는 사고가 터지고 말았어요. 국민들은 분노하였고, 더 이상 정부를 믿지 않게 되었습니다. 정부는 모든 대책을 처음부터 다시 세워야만 했지요. 강과 호수의 수질 기준을 새로 만들고 규제 사항도 크게 늘렸어요.

그러나 그 뒤에도 서울과 수도권의 식수를 공급하는 팔당호의 수질은 점점 나빠지고, 우리 나라의 4대 강이라 하는 한강,

낙동강, 금강, 영산강의 수질도 나아질 기미를 보이지 않았습니다. 마침내 시민 단체와 지역 주민, 전문가들이 함께 나서게 되었고, 5년 동안 수백 번의 토론회와 공청회를 거쳐서 '4대 강 물 관리 종합 대책'을 마련했습니다.

그 내용은 한 마디로 강물이 시작하는 곳에서 바다로 흘러드는 곳까지 맑은 물이 흐르게 한다는 것입니다. 이를테면 우리나라 주요 상수원의 수질을 1~2급수 이상으로 개선하고, 하수도 말끔히 처리하겠다는 것입니다.

이를 위해서 선진국처럼 오염 총량 제도, 수변 구역 제도, 물 이용 부담금 제도 같은 강력한 규제 정책을 내놓게 되었습니다.

오염 총량 제도는 강 유역에서 흘러드는 오염 물질 전체의 양을 제한하는 것입니다. 그 동안 오염 물질의 농도만 따지다 보니, 농도가 기준치보다 낮은 폐수는 아무리 많은 양을 쏟아내도 막을 수가 없었어요. 그래서 한 곳이나 한 지역에서 버릴 수 있는 오염 물질의 총량을 엄격히 제한하게 된 것입니다.

여기에서 한 걸음 더 나아간 생각이 수변 구역 제도입니다. 이 제도는 수변(물가)에 공장과 축사, 음식점, 숙박 시설, 목욕탕 따위를 아예 짓지 못하게 하는 것입니다. 물가에서 생기는 오염 물질은 자정 작용을 거치지 않고 쉽게 강으로 흘러들기 때문이에요.

또, 국가에서 물가 부근의 땅을 차츰차츰 사들여 녹지로 만드는 방법도 있어요. 그렇게 된다면 한강의 수변 구역인 팔당호, 남한강, 북한강, 경안천이 푸른 숲으로 둘러싸이고, 낙동강과 금강, 영산강도 푸르러질 테지요. 그러면 우리도 마음 놓고 수돗물을 마실 수 있을 거예요.

이런 좋은 제도를 실천에 옮기려면 오랜 시간이 필요합니다. 또 여기에는 수많은 돈이 들어갑니다. 나랏돈 가지고는 어림없어요. 그래서 덧붙여 나온 대책이 물 이용 부담금 제도입니다. 다시 말하면 물을 깨끗이 하는 데 드는 비용을 그 물을 쓰는 사람이 물어야 한다는 거예요. 이른바 '사용자 부담 원칙'이라고 합니다.

이렇게 해서 걷은 세금은, 맑은 물을 위해 갖은 규제를 받고 있는 4대 강 유역의 주민과 자치 단체들에게 쓰입니다. 또 수변 구역의 토지를 사들여 녹지로 만드는 데에도 쓰이지요.

물 이용 부담금은 2003년 한 해에만 7,000억 원이 넘게 걷혔고, 그 액수는 해마다 늘어날 것입니다. 이처럼 한 번 오염된 물을 다시 깨끗하게 만드는 데에는 많은 돈과 시간이 필요합니다. 그러므로 물을 오염시키지 않고 아껴서 쓰는 일은 바로 애국하는 것이나 마찬가지랍니다.

수돗물을 마음놓고 마시려면

오염된 물을 식수로 만들려면 복잡한 정화 처리를 거쳐야 합니다. 먼저 유기 물질이나 여러 가지 조류 따위의 불순물을 없애기 위해 응집과 침전 과정을 거쳐요. 그 과정은 응집제라는 화학 약품을 넣어서 불순물을 한데 엉기게 하여 가라앉히는 방법입니다.

응집과 침전 과정을 거친 물은, 모래 여과를 통해서 또 한번 걸러집니다. 자연 상태의 물이 흙과 모래를 거치면서 깨끗한 지하수가 되는 과정과 같아요.

여과 처리를 거친 다음에는 염소 소독을 하여 병을 일으키는

● 일상 생활의 수질 오염

라면 국물 한 컵(150mL)으로 오염된 물을 정화하려면 무려 3,700컵의 깨끗한 물이 필요하다.

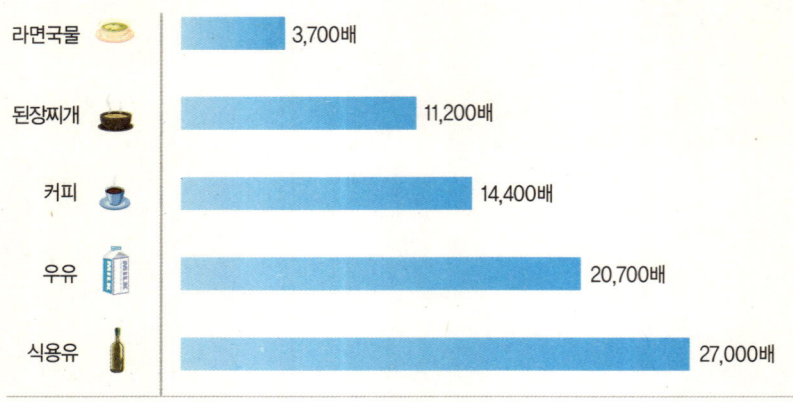

물고기가 살 수 있을 정도의 맑은 물로 바꾸기 위해 필요한 물의 양

미생물을 없앱니다. 소독을 마친 물이 집집마다 공급되는 도중에 다시 미생물에 오염될 수 있으므로, 이 물에는 염소가 계속 남아 있어야 합니다. 이 때문에 수돗물에서 소독약 냄새가 나는 것입니다.

이 같은 정화 과정은 아주 복잡하고, 시간과 비용도 많이 듭니다. 더구나 상수원의 수질이 나쁠 때에는 소독을 하기 위해서 염소를 더 많이 넣어야 합니다. 그런데 염소로 소독할 때에는 트리할로메탄이라는 암을 일으키는 물질이 만들어집니다. 따라서 염소 소독을 너무 많이 한 수돗물을 마시면 몸에 해로울 수밖에 없지요.

그렇다고 염소 소독을 하지 않을 수는 없습니다. 강에서 끌어 온 물 속에는 병의 원인이 되는 미생물이 많이 들어 있으니까요. 소독이 안 된 물을 마시면 콜레라, 장티푸스, 세균성 이질, 간염 같은 전염병에 걸릴 수 있습니다.

물을 소독하는 데에는 염소 말고도 이산화염소, 오존 등이 쓰이고 있습니다. 그 가운데에서 염소는 소독 효과가 높고, 방법도 쉬우며, 무엇보다 값이 싸기 때문에 널리 쓰이고 있어요. 그러나 앞서 말한 트리할로메탄 때문에 미국이나 유럽에서는 더 안전한 이산화염소를 염소와 같이 쓰고 있습니다. 이산화염소 소독은 그 방법이 까다롭고 값도 비싸기 때문에, 우리 나라에서는 아직 널리 쓰이지 못하고 있습니다.

2002년의 한 조사에 따르면, 당시 서울 시민의 약 1%만이 수돗물을 그대로 마시는 것으로 나타났다고 합니다. 나머지는 끓여서 마시거나 정수기를 사서 걸러 먹는다고 해요. 가게에서 '먹는샘물'을 사서 마시는 사람도 점점 더 늘어나고 있답니다. 수돗물을 공급하고 관리하는 서울시가 아무리 안전성을 강조해도 많은 사람들이 수돗물을 믿지 않고 있다는 것이지요.

흔히 '생수'라고 불리는 먹는샘물은 수돗물보다 무려 1,500배나 비싼데도, 2002년에만 2,100억 원어치나 팔렸다고 합니다. 또 집에 설치하는 정수기가 300만 대를 넘어섰고, 이것을 값으로 따지면 모두 4,000억 원에 이른다고 합니다.

정부는 수돗물의 수질을 높이려고 많은 돈을 들여가며 애를 쓰지만, 국민은 여전히 수돗물을 외면하고 있는 셈입니다. 도대체 왜 이런 일이 벌어지고 있을까요? 그건 당연히 수질 문제 때문이에요. 수돗물의 수질을 믿을 수 없으니까 정부와 국민이 제각기 시간과 돈을 허비하는 일을 계속하고 있는 것입니다.

앞에서도 말했듯이, 우리가 마시는 물의 수질은 오로지 상수

원의 수질에 의해서 결정됩니다. 그러니까 수돗물에 관한 불만을 잠재울 수 있는 방법은 바로 강과 호수를 맑고 깨끗하게 하는 것뿐입니다.

이런 생각도 해 볼 수 있습니다. 한강의 경우, 하류의 팔당호 물 대신에 북한강 상류의 깨끗한 물을 끌어다 먹으면 안 될까요? 그리고 식수로 쓰는 수돗물과 생활 용수나 산업 용수로 쓰는 수돗물을 따로 만들 수는 없을까요?

물론 이렇게 하려면 기술적인 문제도 있지만 무엇보다 엄청난 돈이 들어갈 것입니다. 하지만 지금처럼 정부와 국민 모두가 먹는 물 때문에 쓰는 어마어마한 돈을 생각한다면 전혀 안 된다고만 할 수는 없겠지요.

물 부족 국가의 값싼 물

우리 나라에 1년 동안 내리는 비의 양은 1,300mm로 아주 많습니다. 그러나 국토는 좁고 인구는 많아서, 한 사람이 쓸 수 있는 물의 양은 연간 1,500톤 정도로 세계 평균의 10%밖에 되지 않습니다.

유엔은 1993년에 우리 나라를 '물 부족 국가'라고 발표했습니다. 한 사람이 1년 동안에 사용할 수 있는 물의 양이 1,000톤이 안 되면 물 기근 국가이고, 1,700톤이 안 되면 물 부족 국가라고 해요. 수자원이 가장 풍부한 나라 캐나다는 1인당 수자원이 9만 2,000톤이 넘습니다. 반대로 물 부족 국가인 요르단은

1인당 138톤이고, 이스라엘은 124톤이며, 쿠웨이트는 거의 0에 가깝습니다.

 그런데 우리 나라가 물 부족 국가라니 좀 이상하지요? 우리는 물이 부족하다는 생각을 별로 해 본 적이 없는데 말입니다. 물이 모자라 목마른 적이 거의 없기 때문이에요. 우리가 원할 때에 언제든지 수도꼭지를 틀면 물이 나오니, 물이 아주 풍부하

다고 생각하지요.

하지만 우리 나라는 1년 동안 내리는 비의 대부분이 여름에 집중되어 있어서, 나머지 기간에는 물 부족 현상이 두드러지게 나타납니다. 게다가 강의 길이가 짧고 경사가 급해서, 물이 육지에 머무는 시간이 아주 짧습니다. 그래서 실제로 우리가 이용할 수 있는 물의 양은 그리 많지 않습니다.

특히 가뭄이 계속될 때에는 일부 지역에서 물 부족 현상을 심하게 겪습니다. 도시에서는 식수가 부족하여 하루씩 걸러 가며 물을 공급합니다. 농촌에서는 농업 용수가 달려서 농작물 재배를 포기하는 일까지 생겨요.

이와 같이 물이 부족하지만, 우리 나라의 1인당 물 사용량은 183L로 다른 나라에 비하면 꽤 높은 편입니다. 물을 함부로 쓰고 버리는 생활 습관 때문이에요.

우리 나라의 물 사용량이 이처럼 많은 것은 물값이 매우 싸기 때문이기도 합니다. 우리 나라의 수돗물 요금은 2001년 기준으로 1톤에 445원으로, 생산 원가인 569원보다도 낮습니다. 다른 나라의 수돗물 요금과 비교해 보면, 우리 나라를 기준으로 미국은 3.7배, 일본은 6.2배, 영국과 프랑스는 9배, 스위스와 덴마크는 9.3배나 높습니다.

따라서 수돗물 요금을 점차 올려서 물의 가치를 높게 함으로

OECD 국가의 1인당 가정용수 사용량 (1997년 기준)

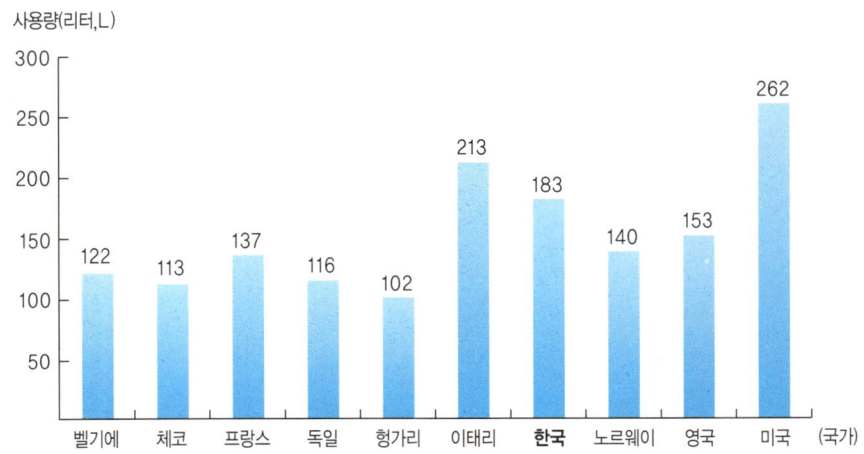

써 물을 아껴 쓰도록 해야 합니다. 이때 국민들에게 물값을 올리는 이유를 잘 설명해야 하고, 물을 절약할 수 있는 방법을 함께 알려준다면 큰 효과를 거둘 수 있을 거예요.

물을 더욱 아껴 쓰게 하려면, 물값을 올리고 국민에게 홍보하는 것 말고도 물을 절약할 수 있는 절수 기기나 설비를 쓰도록 해야 합니다. 예를 들면, 1992년에 미국에서 물 이용의 효율 기준을 법으로 정했는데, 그 내용은 이렇습니다.

앞으로 제조되는 수도꼭지나 샤워기는 1분에 9.5L 이상의 물이 흐르게 해서는 안 되고, 화장실 변기는 1회 사용량이 6L가 넘지 않게 한다는 것입니다. 더 나아가 새로 짓는 집이나 건물은 아예 물 효율이 높은 설비를 미리 갖추어야 한다는 내용도 있습니다.

   이런 물 절약 정책이나 아이디어는 우리에게 좋은 본보기라고 할 수 있습니다.

아껴 쓰고 다시 쓰기 싫다고?

물을 적게 쓰는 농업

지구 전체에서 우리가 쓸 수 있는 민물 가운데 3분의 2가 농업에 쓰입니다. 따라서 농업 용수를 효율적으로 사용하는 것은 물 사용량을 줄이기 위한 첫 번째 방법이 됩니다. 농업 용수를 10%만 줄이더라도 전 세계의 생활 용수는 2배나 늘어나니까요.

농업 용수의 사용량을 줄이는 방법은 먼저 관개가 잘 이루어지도록 하는 것입니다. 쉽게 말하면, 물을 손실 없이 끌어다가 농작물에 잘 대 주는 거예요.

관개 수로를 제대로 만들어 물이 새지 않도록 하고, 구멍 뚫린

파이프를 이용하여 농작물 가까이에 물을 뿌려 주거나 아예 땅 속 뿌리에 직접 물을 주기도 합니다.

이러한 과학적인 관개 방식은 수자원 절약에 큰 효과가 있을 뿐만 아니라, 물을 조금씩 자주 대 주기 때문에 농작물의 수확량도 늘어납니다. 또 물의 증발이 거의 없어서 흙에 소금기가 쌓이지 않아요. 이 관개 방법은 한 마디로, 식물에게 숟가락으로 음식을 먹여 주는 것이라고 할 수 있습니다.

농업 용수의 부족을 메우는 좋은 방법은 도시의 생활 하수를 정화 처리하여 사용하는 거예요. 농부들은 질소, 인, 칼륨 같은 영양분을 농작물에 주려고 일부러 화학 비료를 쓰는데, 생활 하수에는 그런 영양분이 많이 들어 있거든요.

이때 재활용할 생활 하수에 중금속이 들어가지 않도록 해야 합니다. 앞에서도 말했지만, 수은이나 카드뮴 같은 중금속은 농작물에 축적되거나 지하수를 오염시켜서 사람에게 미나마타 병이나 이타이이타이 병 같은 무서운 병을 일으킬 수 있습니다.

농업 용수를 줄이는 또 다른 방법이 있습니다. 그것은 우리가 먹는 음식의 종류를 바꾸는 거예요.

우리가 먹는 음식물을 만드는 데에 들어가는 물 사용량은 모두 다릅니다. 단백질, 당분, 지방, 비타민, 열량 같은 영양분도 다르지요. 그래서 식품에 사용된 물과 거기서 얻을 수 있는 영양분의 함량을 따져서, 물의 생산성을 잴 수가 있습니다.

단백질 10g을 얻기 위해서 쇠고기를 먹을 때가, 쌀을 먹어 단백질 10g을 얻을 때보다 물이 5배나 더 듭니다. 다시 말해 소를 키우기 위해서는 그만큼 물이 많이 들어간다는 거예요. 500칼로리의 열량을 얻는 데에는, 쇠고기가 쌀에 비해 무려 20배나 많은 물이 들어갑니다. 밭작물인 감자나 콩에 비교하면 그 차이는 훨씬 더 커집니다.

고기가 많이 들어 있는 한 끼 상차림에는 약 5톤의 물이 들어간다고 해요. 이것은 채식을 주로 하는 상차림에 비해서 2배나 많은 양이에요. 그러니 육식을 줄이고 곡식과 채소를 많이 먹으면 그만큼 물의 사용량을 줄이는 것입니다.

산업 용수 재활용

우리가 날마다 쓰고 있는 종이, 플라스틱, 컴퓨터 같은 제품은 생산 과정에서 많은 양의 물이 쓰입니다. 예를 들어, 종이 1kg을 만드는 데에는 물이 700kg이나 들어가고, 철강 1톤을 생산하는 데에는 물이 무려 280톤이 필요합니다.

산업 용수는 세계 물 사용량의 25% 정도를 차지하고 있는데, 산업이 아주 발달한 나라들은 50~80%까지를 산업 용수로 쓰고 있습니다. 공장에서 쓰는 물은 오염이 심하지만, 농업 용수와 달리 없어지는 양은 매우 적습니다. 따라서 공장에서는 물을 재활용하면 물 사용량을 크게 줄일 수 있습니다.

실제로, 독일의 한 제지 회사는 종이 1kg을 생산하는 데에 물을 재활용해서 100분의 1에 불과한 7kg만 썼고, 미국의 한 철강 공장은 철강 1톤을 만드는 데에 들어가는 물의 양을 20분의 1인 14톤으로 줄였다고 합니다.

산업이 발달한 나라들은 일찍이 공장에서 쏟아져 나오는 폐수의 수질과 양을 법으로 엄격히 정하여 왔습니다. 이 때문에 공장에서는 법도 지키고 생산비도 줄이기 위해 물을 재활용하기 시작했어요. 한번 사용한 물을 버리지 않고 정화시켜 계속 사용하면, 폐수도 줄일 뿐만 아니라 생산비도 줄일 수 있으니까요.

우리 나라도 1990년에 '수질 환경 보전법'을 만들어 산업 폐수를 엄격히 관리하기 시작했습니다. 그러자 폐수의 양을 줄이기 위해 점차 산업 용수를 재활용하는 공장들이 늘어나고 있습니다.

우리가 밥상을 곡물과 채소 위주로 차림으로써 농업 용수의 사용량을 줄일 수 있듯이, 재활용 원료로 만든 제품을 사면 산업 폐수의 배출량을 줄일 수 있답니다. 재활용 종이를 사서 쓰면, 나무와 에너지를 절약할 수 있고 물도 아낄 수 있습니다.

새어 나가는 물을 줄인다

도시에서 쓰는 생활 용수는 세계 전체의 물 사용량 중에서 10% 정도입니다. 그러나 좁은 지역에 많은 양의 물을 계속해서 공급해야 하므로, 여러 가지 문제가 생깁니다.

먼저, 도시에 생활 용수를 대 줄 정수장, 펌프장, 상수도와 하수도 같은 기반 시설을 설치하는 데에 비용이 많이 듭니다. 더욱이 도시가 점점 커질수록 더 많은 물이 필요하고, 이 때문에 더 먼 곳의 물을 끌어다 써야 하므로 비용이 더 듭니다. 또 상수를 공급하고 하수를 처리하는 데에는 많은 에너지와 화학 약품이 사용되는데, 이것이 수질 오염을 일으키고 물 공급 비용도 늘어나게 합니다.

그러므로 우리 나라 같은 물 부족 국가에서는 두말할 것 없이 물을 아껴 써야 합니다. 하지만 물이 필요하다고 해서 무턱대고

댐을 만드는 것은 어리석은 짓입니다. 날로 늘어나는 물의 수요를 언제까지나 충족시킬 수는 없으니까요. 따라서 새로운 수자원을 찾으려고 하기보다는, 물 사용량을 줄이려고 노력해야 합니다.

오늘날 도시의 물은 헛되게 버려지는 양이 너무 많습니다. 특히 오래된 수도관에서 새어 나가는 물이 가장 많습니다. 땅 속으로 사라지는 물은 공급량의 10~30%에 이르며, 아프리카나 중동의 개발도상국들은 50%가 넘는다고 합니다. 세계 곳곳에서 엄청난 양의 물이 새고 있는 거예요.

덴마크의 코펜하겐은 수도관에서 새 나가는 물이 겨우 3%이고, 일본의 후쿠오카는 5%에 그치고 있습니다. 후쿠오카는 새어 나가는 물의 비율이 일본에서 가장 낮을 뿐만 아니라, 1인당 물 사용량도 다른 도시에 비해 20%나 적어요.

그 비결은 간단합니다. 오래된 수도관을 바꾸고, 새는 곳을 잘 살펴 고쳤기 때문이에요. 또 빗물을 모아 허드렛물로 쓰고, *중수도를 설치하여 물을 재활용했습니다. 그리고 집집마다 절수형 수도꼭지를 쓰도록 하고, 시민들에게 물 절약을 내용으로

*중수도 : 상수도와 하수도의 중간에 있다는 뜻에서 비롯된 말로, 한번 사용한 수돗물을 음료수 이외의 다양한 생활 용수로 재활용할 수 있도록 처리하는 시설.

하는 홍보와 교육을 꾸준히 했어요.

지금까지 물을 절약할 수 있는 여러 가지 방법을 알아보았습니다. 우리가 오랫동안 물을 더 많이 이용하기 위해 쏟아온 만큼의 노력을, 앞으로는 물과 조화를 이루며 사는 방법을 배우고 실천하는 데 기울여야 합니다.

수질 오염을 막으며 수자원을 잘 보존하고, 깨끗한 물을 효율적으로 이용하고 재활용하는 데에 노력을 기울인다면, 물 부족 현상도 잘 이겨 나갈 수 있을 거예요.

또한 물은 인간 생활에만 필요한 것이 아니라는 사실을 잊지 마세요. 자연 생태계가 건강하게 유지되려면, 물은 모든 생물이 골고루 쓸 수 있어야 합니다. 자연 생태계의 질서가 무너지면, 그 피해는 곧바로 인간에게 돌아오니까요!

더불어 물은 오염되지 않게 지키는 것만큼, 아껴 쓰는 것도 중요하다는 사실을 꼭 기억하세요. 우리에게 주어진 시간 또한 물만큼이나 소중합니다. 마냥 남의 일처럼 팔짱만 끼고 있을 수는 없잖아요?

바다 오염을 막는 몇 가지 방법

수십억 년 전, 바다에서 생명체가 처음 생겨난 이래로 바다는 변함없이 지구 생태계의 중심이었습니다. 강이 바다로 흘러드는 하구부터 머나먼 대양까지, 바다는 지구 생명체의 90%가 살고 있는 소중한 삶터입니다.

그런데 바다가 점점 병들어 가고 있습니다. 앞서 자세히 살펴보았듯이, 세계 여러 나라가 심각한 수질 오염으로 몸살을 앓고 있어요. 내가 쓰고 버린 물이 강물을 더럽히고, 썩은 강물이 마침내 바다를 오염시키고 있습니다.

바다를 보호하려면 다음의 세 가지 일을 해야 합니다.

　첫째, 인간이 만들어 내는 오염 물질이 바다로 흘러들지 않게 하는 일입니다. 바다로 들어오는 오염 물질의 44%는 강물을 따라 떠내려 오며, 33%는 공기에 실려 옵니다.

　세계 곳곳에서 물을 따라, 또 공기를 따라 흘러드는 육지의 오염 물질을 막기란 매우 어려운 일입니다. 세계 모든 나라와 지역 사람들이 함께 노력해야 하니까요.

　바다의 오염을 막으려면, 결국 육지의 수질 오염과 대기 오염을 함께 줄이는 수밖에 없습니다. 육지의 오염 물질을 줄이는 일은 바다를 보호하기에 앞서, 인간 생활의 안전을 위해서도 꼭 필요합니다.

둘째, 마구잡이로 벌이는 해안 개발을 막는 일입니다. 해안 도시나 관광지를 개발하기 위해 도로와 제방을 쌓고, 농경지를 얻기 위해 갯벌을 메우는 해안 개발을 먼저 막아야 합니다.

우리가 이미 알고 있듯이, 갯벌은 바다로 흘러드는 영양 물질과 갖가지 독성 물질을 품고 있다가 서서히 정화시켜 주는 역할을 합니다. 또한 이곳은 영양 물질이 풍부해 수많은 어패류와 바다 새들의 삶터가 되고 있어요.

1헥타르의 갯벌을 돈으로 따지면 해마다 약 2,400만 원의 가치를 만들어 낸다고 합니다. 수확량이 많은 기름진 논보다 5배나 높은 가치입니다.

'튤립과 풍차의 나라'로 불리는 네덜란드는, 해마다 제방 수리에 들어가는 엄청난 돈을 아끼고 해안 생태계를 회복시키기 위해 간척지를 바다로 되돌리는 공사가 한창입니다. 막대한 돈을 들여 농경지로 만든 땅을 다시 갯벌로 바꾸고 있는 것입니다. 이런 사실은 거대한 갯벌을 메워 농경지로 만들고 있는 우리에게 큰 교훈을 주고 있어요.

셋째, 어류 자원을 보호하는 일입니다. 어부가 늘어나고 장비가 발달하면서, 물고기는 물론이고 고래, 물개 같은 바다 포유

동물도 크게 줄고 있습니다. 최근에는 수중 음파 탐지기나 항공기를 이용해 드넓은 바다에서도 물고기 떼를 잘 찾아냅니다. 거대한 그물은 말 그대로 바다에서 물고기를 훑어내고 있지요.

그 결과 바다에서 잡아 올린 물고기의 양은 해마다 늘어났습니다. 하지만 1990년대부터는 오히려 점점 줄어들고 있답니다.

지금까지 물고기를 지나치게 많이 잡아 어류 자원이 크게 줄었기 때문입니다.

어류 자원을 보호하는 데에는 고기잡이배를 제한하는 방법과 고기잡이배마다 어장 사용료를 물게 하는 방법이 있습니다. 국가 소유의 땅을 개인이 쓸 때 사용료를 내는 것과 같지요. 오스트레일리아에서는 어장의 상태에 따라 어획량을 돈으로 쳐서 10~60%까지 사용료를 받고 있어요. 이 제도를 시행한 뒤부터 고기잡이배가 크게 줄었다고 합니다.

물고기는 바다 생태계를 구성하는 중요한 요소입니다. 생태계의 균형과 보존을 위해 어류 자원의 보호는 꼭 필요합니다. 물고기가 없는 바다는 죽은 바다나 마찬가지이기 때문이지요.

바닷물을 마실 수 있을까?

물 부족 문제를 해결하기 위한 방법의 하나로, 바닷물에서 염분을 빼내어 민물로 만드는 나라들이 늘고 있습니다. 대부분 물이 가장 부족한 사막 국가들입니다. 이러한 해수 담수화 시설은 현재 약 9,500개가 있으며, 전 세계 물 사용량의 0.3%를 생산하고 있습니다.

해수 담수화는 바닷물을 끓이느라 많은 에너지가 들어갑니다. 그래서 석유 매장량이 풍부한 쿠웨이트나 사우디아라비아 같은 중동 국가에서 이 시설을 사용하고 있어요.

물 기근 국가인 이스라엘은 2008년까지 물 사용량의 절반 정도를 이 방법으로 생산할 계획이라고 합니다. 이제 바닷물은 마실 물로도 쓰이고 있는 거예요. 그러니 바다마저 오염된다면 어디서 물을 구할 수 있겠어요?

그런데 바닷물을 민물로 만들어 쓰는 일은 과연 옳은 걸까요? 비싼 석유를 태워 지구 온난화를 일으키는 온실 가스를 배출하면서까지 말입니다. 물론 물 기근 국가들이야 달리 도리가 없겠지요. 그러나 이것이 완전한 대책이 아닌 것은 분명합니다. 석유는 머지않아 바닥이 나고 말 테니까요.

해수 담수화 시설로 1L의 물을 얻는 데 들어가는 비용은, 물을 절약하거나 효율적으로 이용하는 데 들어가는 것보다 4~10배나 많답니다. 그러니 물을 아껴 쓰고, 효과적으로 사용하는 일이 무엇보다도 중요합니다.

부록

_ 세계 환경 협약
_ 세계의 환경 기념일
_ 찾아보기

세계 환경 협약

▎세계 문화 및 자연 유산의 보호에 관한 협약
(1972년, 161개 국 가입)

유엔의 교육과학문화기구(UNESCO), 즉 유네스코의 주도로 1972년에 세계 곳곳의 문화 유적(지)과 자연 유적(지), 위협을 받고 있는 동식물의 서식지, 과학적이거나 미적인 가치를 지닌 지역을 보호하기 위해 맺은 협약이다. 우리 나라는 1988년에 가입하였다. 현재 우리 나라는 세계 문화 유산으로 창덕궁, 수원화성, 불국사 등 8곳이, 세계 기록 유산으로 훈민정음 등 4종이, 세계 무형 유산으로 종묘 제례와 판소리 등 2종이 등록되어 있다. 한편, 고구려 역사 왜곡 문제로 우리 나라와 중국이 갈등을 빚고 있는 가운데, 2004년 7월 1일에는 북한 평양 일대와 중국 동북부 지역의 고구려 유적이 세계 문화 유산으로 지정 등록되었다.

▎폐기물과 그 밖의 물질의 투기에 의한 해양 오염 방지를 위한 런던 협약 (1972년, 78개 국 가입)

방사능이 있거나 아주 유독한 폐기물뿐만 아니라, 모든 형태의 산업 폐기물을 바다에 버리지 못한다는 협약이다. 이 협약의 결과, 바다에 버려지는 폐기물의 양이 크게 줄어들었다. 영국 런던에 있는 사무국 웹사이트는 www.london-convention.org이며, 우리 나라는 1993년에 가입하였다.

▎멸종 위기에 처한 야생 동식물의 국제 거래에 관한 워싱턴 협약
(1973년, 152개 국 가입)

사고 파는 일을 막지 않으면 사라져 버릴 위험이 있는 생물 종을 보호하기 위해, 멸종 위험의 정도에 따라서 거래를 금지하는 국제적 약속이다. 멸종 위험이 있는 호랑이, 대형 유인원, 바다거북, 코끼리, 난초, 악어 등 900종의 동식물은 국제 무역이 금지되었다. 또한 새날개나비, 앵무새, 검은돌산호, 일부 벌새 등 2만 9000여 종들은 엄격한 무역 허가 조건을 통해서만 거래할 수 있다. 스위스 제네바에 사무국이 있고, 영어로 줄여서 'CITES'라고 한다. 우리 나라는 1993년에 가입하였으며, 웹사이트는 www.sites.org이다.

선박에 의한 오염을 방지하기 위한 국제 협약
(1973년, 112개 국 가입)

배에서 흘러나오는 기름, 생활 하수, 유해 액체 등의 배출 물질을 제한하고, 배를 만들고 운항하는 데에도 국제 표준을 지키도록 규정하고 있다. 1978년에 제한 규정을 더하기 위해 개정되었고, 흔히 영어의 줄임말로 'MARPOL'이라고 한다. 우리 나라는 1984년에 가입하였다.

해양법에 관한 국제 연합(UN)의 협약
(1982년, 135개 국 가입)

지금까지의 모든 해양 협약을 포함하여, 해양 오염 방지와 해양 이용에 관한 광범위한 해양법 체제를 마련한 유엔 회의이다. 여기서 200해리 배타적 경제 수역(EEZ)이 지정되었고, 해양 생물 자원의 보존과 해양 오염의 방지에 관한 규정을 모두 정리하였다. 배타적 경제 수역을 인정한다는 것은 연안에서 200해리(1해리는 1,852m)까지의 바다로서, 연안 국가가 모든 어업과 광물 자원에 관한 이용권을 가지며 바다 오염을 규제할 권한이 있다는 뜻이다. 우리 나라는 1996년에 가입하였다.

오존층 파괴 물질에 관한 몬트리올 의정서
(1987년, 175개 국 가입)

오존층은 해로운 자외선을 차단하여 지구의 생명을 보호해 주는데, 흔히 '프레온'이라고 부르는 염화불화탄소(CFC)와 할론 같은 합성 화학 물질이 오존층을 파괴시킨다. 이에 유엔 환경기구(UNEP)는 1985년에 오존층을 보호하기 위한 비엔나 조약을 발표하였고, 1987년에 캐나다 몬트리올에서 다시 회의를 열어, 오존 파괴 물질의 사용을 점차 줄인다는 의정서를 채택하였다. 그 후에도 몬트리올 의정서는 세 번의 개정을 거치면서 규제 물질을 95종으로 늘리고, 2000년부터는 아예 프레온의 사용을 금지하기로 정하였다. 국제 사무국은 아프리카 케냐의 나이로비에 있으며, 웹사이트는 www.unep.org/ozone이다. 우리 나라는 1992년에 가입하였다.

유해 폐기물의 국가 간 이동 및 그 처리의 통제에 관한 바젤 협약
(1989년, 141개 국 가입)

선진국들이 제 나라에서 나오는 유독성 폐기물을 개발 도상 국가들에게 돈을 주고 수출하여 땅에 묻게 하는 비양심적인 일을 자주 저지르자, 이를 막기 위해 스위스 바젤에서 맺은 협약이다. 1994년에는 이를 고쳐서 모든 유해 폐기물의 수출을 완전히 금지하였다. 흔히 바젤 협약이라고 부르며, 사무국은 스위스 제네바에 있고, 웹사이트는 www.basel.int이다. 우리 나라는 1994년에 가입하였다.

▎생물 종 다양성 협약
(1992년, 178개 국 가입)

지구상의 다양한 생물 종을 보존하고, 생물 종이 지속 가능할 정도로 이용을 제한하며, 그 이용으로 얻는 이익을 공정하고 평등하게 나누기 위해 광범위한 틀을 만든 협약이다. 이어서 2000년에 채택된 '생물 종 다양성 협약 바이오 안정성에 관한 카르타헤나 의정서'는 유전자 변형 유기체의 안전 관리 등을 규정하였다. 캐나다의 몬트리올에 사무국이 있고, 웹사이트는 www.biodiv.org이다. 우리 나라는 1994년에 가입하였다.

▎기후 변화에 관한 1992년 유엔 협약 틀에 대한 교토 의정서
(1997년, 40개 국 가입)

1992년에 지구 온난화를 방지하기 위해 각 나라가 온실 가스 배출을 줄이기로 한 유엔 기후 변화 협약에 대하여, 1997년에 일본 교토에서 맺은 의정서로서 온실 가스의 구체적인 감축 방안과 의무 사항을 규정하였다. 2012년까지 탄산가스의 방출량을 1990년 기준으로 6~8%를 줄이도록 정하고 있다. 러시아가 2004년에 국회에서 의정서 비준에 동의한 이후, 아직도 가입을 거부하고 있는 미국에 세계의 따가운 눈총이 모아지고 있다. 우리 나라는 2002년에 가입하였으며, 2013년부터 감축 의무를 지게 된다.

세계의 환경 기념일

세계 습지의 날
(2월 2일)

1971년 2월 2일, 이란의 람사(Ramsar)에서 습지의 중요성과 보존의 필요성을 국제적으로 알리기 위한 협약을 체결하였는데, 이를 기념하여 1996년에 지정되었다. 이 협약은 수자원 보호, 습지의 현명한 이용, 생물 종 다양성 보호를 위한 국제 협약으로, 현재까지 123개 국가가 가입했다. 전 세계 900개의 습지를 보호 지역으로 지정하고 있다. 우리 나라는 강원도 인제의 용늪과 경남 창녕의 우포늪을 보호 대상 습지로 지정하였다.

세계 물의 날
(3월 22일)

1992년에 유엔 총회는 그 해 6월에 브라질의 리우에서 개최되었던 유엔 환경 개발 회의의 건의를 받아들여 3월 22일을 '세계 물의 날'로 선포하였다. 유엔이 인간 건강에 절대적으로 중요한 물 문제를 해결하기 위하여 식수 공급 및 위생을 위한 10개년 사업(1981년~1991년)을 시행하였으나, 세계 빈곤층 인구 10억 명 이상의 물 부족 문제가 여전히 해결되지 않자 물 관리의 중요성을 일깨우고자 지정하였다.

지구의 날
(4월 22일)

1969년에 미국 캘리포니아 주에서 발생한 해상 기름 유출 사고를 계기로 1970년 4월 22일 미국 상원의원 게이로드 넬슨(G. Nelson)이 제안하고, 당시 하버드대학교 학생이던 데니스 헤이즈가 발 벗고 나서서 첫 행사를 열었다. 당시 미국에서는 3백만 명이 '지구의 날' 첫 행사에 참여했다고 한다. 한국에서는 1990년 20회 지구의 날 행사를 처음으로 열었다. 그 뒤 해마다 많은 환경 단체들이 이 날을 기념하여 '지구의 날' 행사를 열고 있다.

골프 없는 날
(4월 29일)

1992년 11월, 태국 푸껫에서 열린 제 3세계 관광 포럼에서 제안되어, 1993년부터 많은 나라가 이 날을 '골프 없는 날'로 지정하고 기념식을 가져왔다. 골프장은 건설 자체가 대부분 주변 생태계를 파괴하고, 그 뒤로도 잔디 관리를 위해 화학 농약을 마구 뿌림으로써 환경 피해가 극심하다. 이 날은 1991년 5월 일본 골프장 및 휴양지 반대 네트워크와 아시아 태평양 정보센터가 조사팀을 구성하여 세계 곳곳에서 관련 자료를 확보하는 작업을 진행시켜 다음 해 4월 세계 골프장 반대 국제운동(Global Anti-Golf Movement)을 구성함으로써 이루어졌다.

바다의 날
(5월 31일)

1994년 11월, 유엔 해양법의 발효를 계기로 해양 자유 이용 시대가 해양 분할 경쟁 시대로 바뀌면서 해양을 둘러싼 국제 환경이 크게 바뀌었다. 우리 정부는 이런 변화에 좀더 능동적으로 대처하기 위한 국가 경영 전략으로 '바다의 날'을 선포하였다. 우리 나라는 그 동안 해안 매립, 오염물 배출 등 바다 자원을 고갈시켜 왔으나, 늦게나마 이 날을 지정하여 바다 자원의 중요성을 인식하고 보존하기 위한 다양한 노력을 펼치는 계기로 삼고 있다.

세계의 환경 기념일

환경의 날
(6월 5일)

1972년 6월 5일부터 16일까지 스웨덴의 스톡홀름에서 '하나뿐인 지구' 라는 구호 아래 인간환경회의가 열렸다. 이 회의는 113개 나라와 3개 국제기구 및 257개 민간단체의 약 1,200명이 참가한 최초의 유엔 차원 환경회의였다. 이 날을 기념하여 해마다 6월 5일을 '세계 환경의 날' 로 정하였으며, 세계환경보전사업 시행기구로서 유엔환경계획(UNEP)을 창설하기도 하였다. '세계 환경의 날' 은 민간과 정부기구 구분 없이 모두가 기념하는 가장 중요한 환경 기념일이라 할 수 있다.

사막화 방지의 날
(6월 17일)

1994년 제49차 유엔총회에서 '사막화 방지 협약' 의 채택일인 1994년 6월 17일을 기념하고자 지정하였다. 개간과 산성비 등으로 해마다 막대한 면적의 토지가 사막으로 변하고 있으며, 궁극적으로 전 지구가 사막으로 변할 위기에 놓였다는 위기 의식에서 비롯된 것이다. 사막은 생물의 다양성이 파괴된 지역으로 생물이 안정적으로 살기 어려우며, 인간이 살 수 없는 지역이기도 하다. 따라서 사막화 방지는 지구의 대지가 사막으로 변하는 것을 막고, 인류가 살아남기 위해서 전 인류가 깨달아야 할 아주 중요한 문제이다.

국제 오존층 보호의 날
(9월16일)

오존층은 태양의 자외선으로부터 지구를 지켜 주는 보호막이다. 강한 자외선에 쏘일 경우 피부암 등 목숨을 위협하는 병에 걸릴 수 있다. 그래서 세계 각국은 1987년 9월 16일, 캐나다 몬트리올에서 프레온 가스와 같이 오존층을 파괴하는 물질의 사용을 줄이기로 약속하고 '오존층 파괴 물질에 관한 몬트리올 의정서'를 채택하였다. 그 날을 기념하고 세계 모든 나라가 오존층 보호에 앞장서 줄 것을 촉구하기 위해, 1995년 유엔 총회에서 '국제 오존층 보호의 날'을 지정하였다.

화학 조미료 안 먹는 날
(10월 16일)

국제 소비자 연맹(IOCU)이 화학 조미료가 인체에 해를 끼치는 문제와 각종 화학 물질로 만든 용기에서 '환경 호르몬' 문제를 강조하기 위해 지정하였다. 국제 소비자 연맹은 1960년에 세계 소비자를 보호하고 소비자 단체를 지원하기 위해 만들어졌으며, 현재 122개국 226개 단체가 가입하고 있다.

생물종 다양성 보존의 날
(12월 29일)

1993년 12월 29일, 멸종 위기에 놓인 동식물을 보호하기 위한 '세계 생물종 다양성 보존 협약'이 채택되었는데, 이듬해 유엔 환경 계획(UNEP)에서 열린 협약 가입국 회의에서 이 날을 지정하였다.

찾아보기

가뭄 43, 54
간척 사업 63, 64, 65
간척지 65
강 30, 52, 53
갠지스 강 47
갯벌 63, 65, 104, 137, 138, 140, 175
걸프전쟁 130, 132
광물 자원 39, 41
광우병 89
광합성 16
구름 15, 20
기름 98, 101, 107, 108, 109, 132
기후 15

나무 비 58
나일 강 48, 50
낙동강 85
남해 105, 107
네덜란드 65, 175
녹색 댐 56, 58

녹색 식물 16
농약 92, 97
농업 용수 35, 165, 167
농업 폐수 78
눈 18
늪 60

다국적 강 45, 49
대륙붕 39, 67, 68
대체 에너지 42
댐 53, 54, 55, 56, 123
도요히라 강 141, 142
독일 138, 139
동해 105

라인 강 127, 128
람사 협약 61, 138

망간 단괴 40
메콩 강 50
물 기근 국가 46, 160
물 부족 국가 46, 160, 161, 170
물 이용 부담금 제도 154
물 풍요 국가 46
물의 순환 18, 19, 20
미국 35, 36
미나마타 병 115
민물 32, 52

바다 18, 31, 41, 42, 66, 67, 68, 100, 101, 107, 109, 173, 174, 175
바다 생태계 101, 102
바다 오염 131, 174
바다의 광합성 69
바덴 해 137, 139
바젤 협약 129
방글라데시 34, 35
방사성 물질 101
베이온트 댐 121
부영양화 94, 95, 96

북해 139
분해자 63
블루베이비 병 118, 119
비 18, 21, 58
비료 91, 92, 97

사막 18, 36
산업 용수 168
산업 폐수 83, 85
산호초 70, 71, 72, 72, 74
상수원 152, 153, 156
새만금 63, 65
생명체 15
생물 농축 85, 98
생물화학적 산소 요구량 94, 157
생수 157
생활 용수 169
생활 하수 77, 78, 167
서해 105
성장 촉진제 87, 88
센물 80
수돗물 28, 158, 162

수변 구역 제도 153
수압 67
수은 115
수증기 15
수질 오염 77, 156, 157
수질 환경 보전법 169
숲 54, 58, 59
스위스 128
습지 60, 61
식수 152, 155, 162
신진대사 16, 24, 26
심해 어류 67

어류 자원 175, 177
에티오피아 50
열수 광산 40
염소 소독 155, 156, 157
영국 35
오염 총량 제도 153
온실 효과 70
요르단 47, 48
요르단 강 46, 47, 48

용늪 61
우포늪 61, 62
유기 물질 53, 61
유프라테스 강 46
이라크 130, 131, 132
이산화염소 157
이산화탄소 58, 68, 70, 71
이스라엘 47, 48, 178
이집트 44, 45, 46
이타이이타이 병 117
이탈리아 121
인도 35, 47
일본 114, 141

ㅈ

적조 109, 110, 112
제임스 강 125, 126
조류 96
조류 예보제 96
중국 35
중금속 28, 83, 84, 115, 116, 117, 167
중동 46
중수도 171

증발 17, 18, 20, 25
지구 15, 31
지구 온난화 70
지표수 33
지하수 34, 35, 36, 37, 97, 98, 99, 120
지하수면 34, 35, 36
질산 118, 119, 120
질산염 91
질소 91, 97

태양 17, 18
터키 46
템스 강 135, 136
퇴비 88, 90

페놀 85, 152
플랑크톤 109, 110
피시비(PCB) 101

청색병 118
축산 폐수 89

합성 세제 80, 81, 82
항생제 87, 88
해수 담수화 177, 178
해저 생물 67
홍수 54

카드뮴 117
카리브 해 72
쿠리티바 145, 146, 147, 148
쿠웨이트 130

사진 제공
39p 한국석유공사
62p 창녕군청
105p 열린서당
57p, 64p, 73p, 108p, 111p, 146p 조선일보 포토 뱅크